化粧品・サプリ・プラセンタを賢く生かす

プロのための美肌メソッド

宮田 哲朗 著

Art Days

はじめに

このたびは本書を手にしていただき、ありがとうございます。

私は2005年に化粧品とサプリメントを製造販売する現在の会社に中途採用で入社し、化粧品やサプリメントの製造・販売に関する多くのことを学んでまいりました。化粧品やサプリメントの処方や設計、販売企画にも携わり、おかげさまで数多くのヒット商品を手がけることもできました。

美容業界、医療業界に関しましては、現在に至るまで数千社に及ぶエステティックサロン様、クリニック様から学ばせていただいたことが、私の糧となっています。皆さまのおかげで身につけることができた知識を多くの方々に還元していくことが、今の私の使命であると考えております。その思いを形にしたのが本書です。

今、美容業界の発展に必要なこととは何でしょうか。私は、「正しい知識」と「正しい理論」であると考えます。

多くの化粧品会社、サプリメント会社が、「何となくキレイになれそう」「痩せられそう」「病気が良くなりそう」などの〝イメージ〟ばかりを前面に押し出し、消費者や販売者への刷り込みを図ることで、化粧品やサプリメントの売上につなげようとしています。意図的に誇張されたデータや、過剰な表現でつくられた誇大広告などが残念ながら市場を賑わせているのです。

その結果、消費者の多くは本来自分にとって必要ではない商品を購入してしまうという、残念なことも起こります。さらに、必要ではない商品に無駄なお金を使ってしまうだけではなく、その商品によって肌トラブルや健康被害にあうことも現実には起こっています。

そうした事態に陥らないために、消費者にも販売者にも「正しい知識」と「正しい理論」が必要なのです。

化粧品やサプリメントは、化学、処方技術、皮膚理論、体の仕組み、関連法規など、多くの知識や理論を結集してつくられることで効果を発揮するものです。反対に、これらの裏づけがないと効果も期待できません。

「イメージ」や「誇大広告」などに惑わされず、本当に必要な商品に出会うためには、「正しい知識」と「正しい理論」を身につけることが何より大切です。

そのための道しるべとなるよう、本書を執筆いたしました。知っておくべきお肌に関する知識や、化粧品やサプリメントなどの選び方、見極め方などをできる限りわかりやすくまとめたつもりです。

本書を手にされた美容のプロの皆さまには、消費者であるお客様にも「正しい知識」と「正しい理論」をお伝えいただき、一人でも多くの方にキレイになったと実感いただければ、これ以上喜ばしいことはありません。

ぜひ本書を繰り返しお読みいただき、お客様へのカウンセリングやアドバイスなど、日々のお仕事にお役立ていただければ幸いです。

2018年2月　宮田　哲朗

目次

第2章　正しいケアには正しい知識を

第3章　美容ケア製品をどう選ぶか――化粧品編

第4章　美容ケア製品をどう選ぶか――サプリメント編

第5章　美容界に革命を起こす「プラセンタ」とは？

第6章　アンチエイジングと美のために

編集協力　株式会社ブレインズ・ネットワーク
コギトスム株式会社
コジマアイ
別当律子（株式会社まいか）
イラスト　山田奈穂（第2章）

第1章 間違ったケアでは美しくなれない

イメージだけで商品を買うのは危険です！

point!

テレビCMや口コミだけでは本当に必要な商品に出会えない

- 広告宣伝は都合の良いことだけが書かれている
- 広告宣伝だけでは本当に必要な情報は得られない

メーカーが伝えたい情報だけがキャッチコピーに

皆さんが化粧品やサプリメントを選んだり、人に勧めたりするときには何を基準にしていますか？

多くの方が広告宣伝や、ＰＯＰや販促チラシに書かれているキャッチコピーなどを基準にされているのではないでしょうか。

しかし、それは本当に正しい選び方と言えるでしょうか？

一般的に、広告宣伝などのキャッチコピーからは、商品を買う側にとって大切な情報ではなく、あくまでも**メーカーが伝えたい一方通行**の情報しか得ることができません。

キャッチコピーのイメージだけで商品を選ぶと、失敗することも！

“真実”は商品パッケージの裏面に

もちろん、広告宣伝や販促チラシには医薬品医療機器等法（旧薬事法）や景品表示法などさまざまな法律で規制されていますので、嘘を書くことはできませんが、メーカー側は知恵をしぼり、消費者に良いイメージを与える工夫をしています。

ここで皆さんにお伝えしたいことは、**商品パッケージの「裏面」を読み解く**ということです。これにより、広告宣伝だけではわからない“真実”を知ることができます。

パッケージの裏には自分に合った化粧品かどうかを判断する上で必要な情報が記されており、これを読むことが非常に大切になってきます。

商品選びのちょっとしたコツをお教えします

point!

“真実”は
パッケージの裏にある！

- 化粧品の全成分表示は配合量の多い順（１%以下は順不同）
- サプリメントの原材料名も配合量の多い順（食品添加物は別に明記）

イメージ「だけ」を判断材料にしない！

イケメンなのに付き合ってみたら性格が悪かった……。優しそうだと思って付き合ってみたら、お金遣いが荒かった……。

「初めからわかっていればよかったのに」と思うことがありますよね。

化粧品やサプリメントでも、容器やパッケージがステキだったので購入したけど、期待していた効果を実感できない、ということがあると思います。

これは、自分が求めているものと商品とがミスマッチだったということでは？　自分に合う商品なのか、そうでないのかが事前にわかればいいということですね！

パッケージ裏面の全成分表示(化粧品)、原材料名(サプリメント)は、いずれも配合量の多い順!

全成分表示
xxxxx、xxxxxxx、
xxxxxx、xxxx、xx
xxxxx、xxxxxxxx、
xxxxx、xxxxxxx、
xxxxxx、xxxxx、xx
xxxxx、xxxxxxxx

原材料名
xxxxx、xxxxxxx、
xxxxxx、xxxx、xx
xxxxx、xxxxxxxx、
xxxxx、xxxxxxx、
xxxxxx、xxxxx、xx
xxxxx、xxxxxxxx

化粧品　　サプリメント

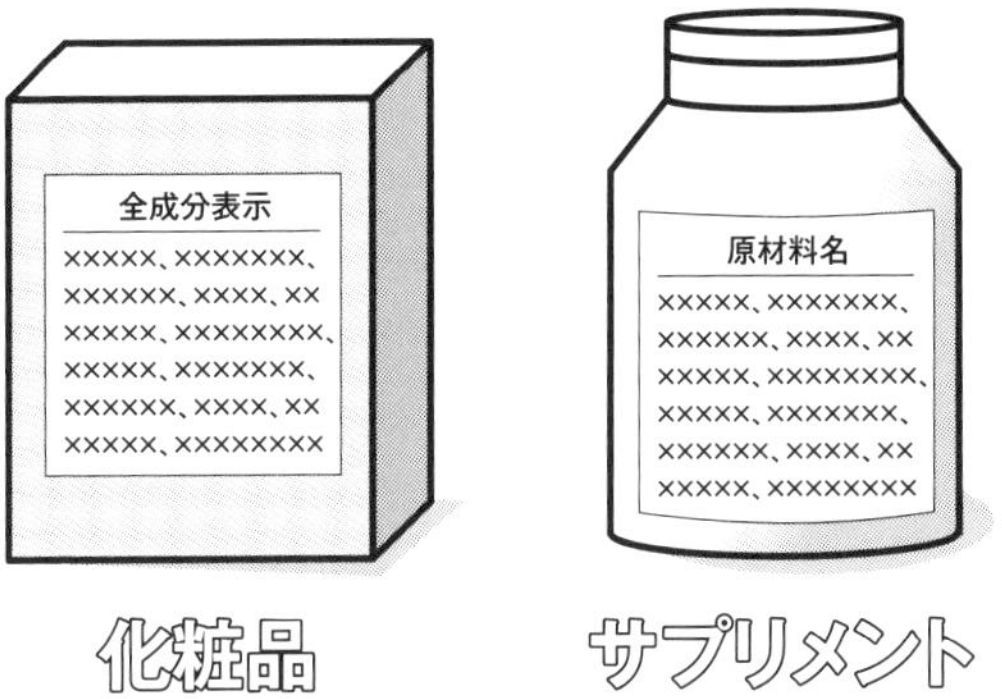

より効果的に使っていただくために

化粧品やサプリメントの箱の裏に書かれている内容には、**全て法律に沿ったルール**があります。

パッケージの裏面には難しそうな用語などがたくさん書かれてあり、馴染みにくいと感じる方もいらっしゃると思いますが、裏面を読み解くコツを知っていただくことで、商品の中身や特徴を判断できるようになります。

容器やパッケージだけで商品を購入するのではなく、本書で裏面を読み解くコツを会得していただき、商品の特徴を把握した上で、間違いのない商品選びをしていただきたいと思います。

化粧品やサプリメントに無駄なお金を使わないためには

point!

効果が実感できなければ、お金だけでなく時間も無駄に！

- 効果が実感できないのには明確な理由がある
- 正しい知識を得ることで、お金や時間を有効活用できる

パッケージの〝裏〟には多くの真実が！

化粧品やサプリメントを購入する際には、パッケージの裏面を確認することをおすすめします。

化粧品には「全成分表示」、サプリメントの場合は「原材料名」が記されており、これで商品の中身がわかるからです。

化粧品の「全成分表示」は、**配合量の多い順番**に記入する決まりとなっています（ただし1％以下の成分は順不同でOK）。

また、サプリメントも**配合量の多い順番**に記入するという法律に沿ったルールがあります（食品添加物は別に記入することになっています）。

化粧品の「全成分表示」の例

全成分表示

水、グリセリン、BG、エタノール、水溶性コラーゲン、加水分解エラスチン、カミツレエキス、PCA-Na、EDTA-2Na、クエン酸Na、プラセンタエキス、メチルパラベン

パッケージに大きく「プラセンタエキス配合!」と書かれていても、表示がうしろのほうにある場合は、配合量が少ない可能性も!

正しい知識でお金や時間を有効活用！

効果が実感できない場合には、自分に必要な成分が表示のうしろのほうにあって、実際には配合量が少ないということも考えられます。

メーカー側が配合量を公表することはありませんので、自分で配合量を判断することができれば、無駄なお金を使うことを回避できるかもしれません。

パッケージの裏には多くの「真実」が隠されているのです。これを読み解くためには、正しい知識を得ることが必要になります。

ただし、化粧品成分では配合量が少なくても効果を発揮するものもありますので、ご注意ください。

美白化粧品で効果が出にくいのはなぜ？

point!

美白といっても
成分によって効果は違う

- 美白成分のタイプを知ろう
- 自分のなりたい肌タイプを理解しよう

「美白効果」が出にくいのにはこんな理由が

美白化粧品と呼ばれるものには、当然ながら美白に有効な成分が配合されています。しかし、美白と一口に言っても、そのタイプは大きく3つに分けられます。

①紫外線を浴びたことをメラノサイトに知らせない
②メラノサイトでメラニン色素の生成を阻害する
③メラニン色素の排泄を促進する

①と②はどちらかというと**予防の成分**で、③は**改善の成分**です。お肌が白くて、そのお肌をキープしたい方には①と②は有効ですが、③はあまり意味がありません。逆に、お肌が黒くて、そのお肌を改善したい方には③は有効で、①と②はあまり意味がないと言えます。

**予防？　それとも改善？　自分の肌タイプによって
選ぶべき化粧品は変わってくる！**

どのタイプの成分が配合されているか

ご自身が使っている美白化粧品に、どのタイプの美白成分が配合されているのかを知ることで、自分のなりたい肌に早く近づくことができます。そして、美白だけではなく、例えばニキビ肌の方でも、

①ニキビの原因菌を殺菌する
②皮脂分泌を抑制する
③炎症を抑える

などのタイプの成分が配合されており、ニキビを**予防したい**のか、**改善したい**のかによって、選ぶべき化粧品は変わってきます。

化粧品に**無駄なお金を使わない**ために、ご自身の化粧品に配合されている成分のタイプを知ることはとても大切なのです。

サプリメント選びは大変

サプリメントの含有量表記に明確な基準はない

サプリメントのパッケージや広告で「〇〇〇mg配合！」などと、含有量が多いことがメリットのようにアピールしているものがよく見受けられます。

これら全てが嘘だとは言いませんが、その成分の本当の含有量は、明記されているものよりも少ないことがあるのです。

なぜ、そのようなことが起こるのでしょうか？

実はサプリメントの**含有量表記に明確な定義がないからです。**各メーカーの判断により、含有量表示を決めています。ですので、箱の裏面の原材料名に自分に必要な成分が**最初に記されているか確認**してください。

point!

成分の含有量や濃度は
広告宣伝だけではわからない！

- ☑ 含有量が多く書かれているからいいというわけではない
- ☑ 栄養素は多すぎても、少なすぎてもダメ

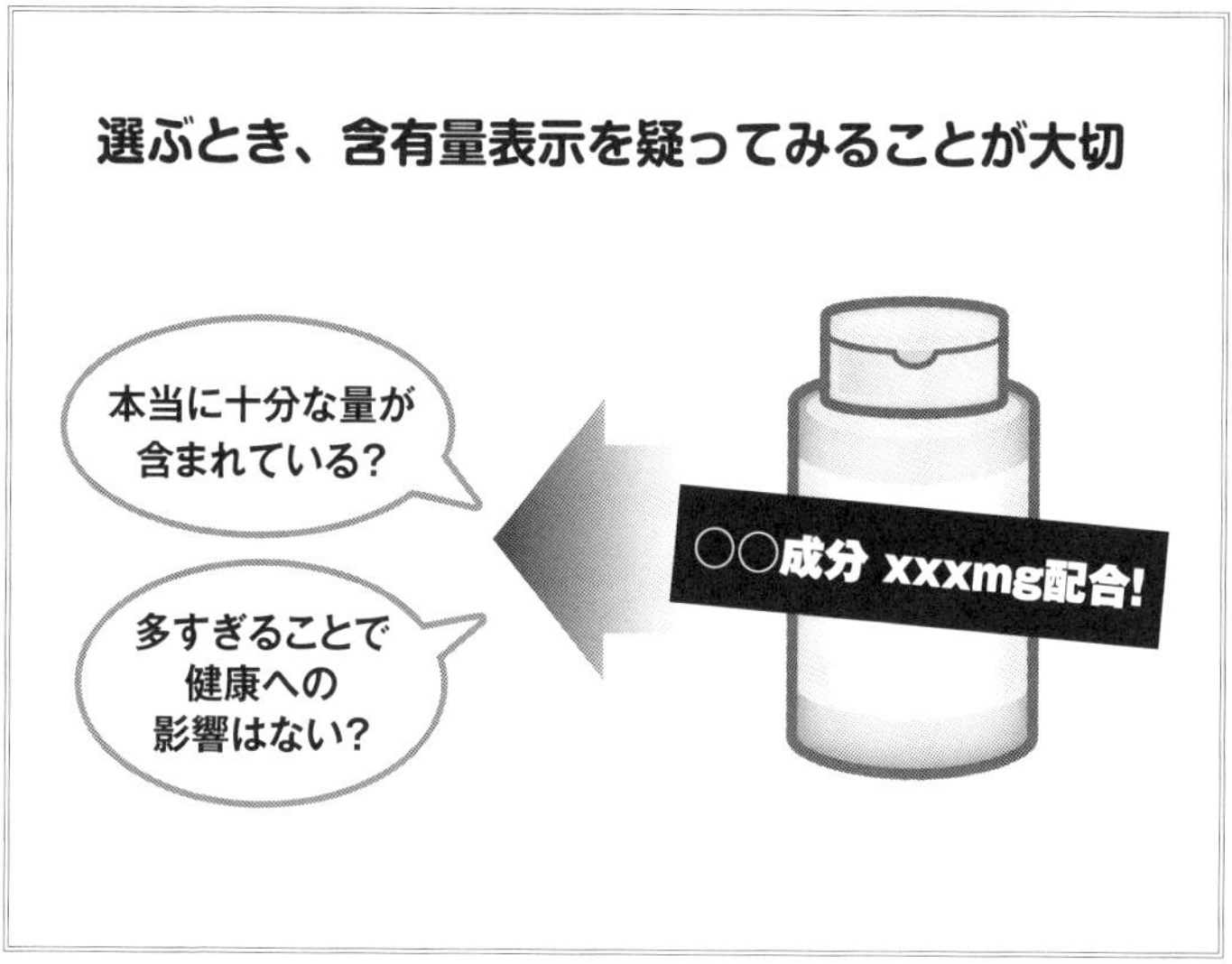

配合過多で健康被害につながることも

また、サプリメントに配合されている栄養素は、多ければいいというわけではありません。

全てが吸収されずに、尿とともに排泄されてしまうことがありますし、栄養素の種類によっては**過剰摂取で健康被害**につながる場合もあります。

せっかくお金を払ってサプリメントを購入しても、尿で排泄されてしまったり、健康被害につながってしまうと、**無駄なお金**を使ってしまうことになります。

ぜひとも、サプリメントは含有量表示だけで判断するのではなく、裏面をご覧になって購入してください。

Column

基礎化粧品と付き合っている時間は？

化粧品には、基礎化粧品とメーキャップ化粧品の２種類があります。

クレンジングや洗顔、化粧水、乳液、クリームなどスキンケアに用いられるのが基礎化粧品、ファンデーションや口紅などがメーキャップ化粧品です。

この２種類のうちどちらがお肌への影響力が強いかというと、当然ながら基礎化粧品です。この基礎化粧品を“お肌と付き合っている時間”という観点から考えてみます。

朝起きて洗顔をしたら、まずは化粧水やクリームでお肌を整えて、その後メイクをして外出します。そして帰宅すると入浴時にメイクを落とし、入浴後に化粧水やクリームをぬって就寝するという方が多いと思います。

つまり、基礎化粧品のうち化粧水やクリームは、入浴時間以外の**ほぼ24時間お肌に塗られている**ことになります。

そんな**基礎化粧品の選び方を間違えると、お肌をキレイにするどころか、逆効果になってしまう**こともあります。自分と合わない人と24時間付き合うのはツラいですし、自分に合う人だとずっと付き合っていたいですよね。

お肌も同じです。自分に合った基礎化粧品を選ぶことがとても大切なのです。

第2章 正しいケアには正しい知識を

化粧品やサプリメントを購入する目的の一つに「お肌をキレイにしたい」が挙げられると思います。

しかし、化粧品やサプリメントを使用しても思うような結果が出ないと感じる方もいらっしゃるかもしれません。そのような方はあまり皮膚のことを理解されないまま、商品だけに頼っている場合が多いように思います。

化粧品は皮膚につけるものであること、サプリメントも皮膚を含めた細胞の栄養素であることを考えると、化粧品やサプリメントの受け皿である皮膚について知ることで、今まで以上の結果を実感していただける可能性があります。そのためにはまず、「皮膚の構造」「皮膚の働きや役割」「肌トラブルの原因と対策」などをしっかりと理解することが大切だと考えます。

第2章では主に皮膚に焦点をあてて情報をお届けしますので、正しい知識を身につけて、自分の思い描くお肌に少しでも早く近づけていただけるよう願っております。

まず、皮膚の構造をおさらい！

point!

表皮、真皮、皮下組織の3層で構成されている

- お肌の"見た目"では、表皮と真皮が重要
- 表皮の働きは保護、真皮の働きはクッションのような弾力

スキンケアの中心は「表皮」と「真皮」

皮膚は上から「表皮」「真皮」「皮下組織」の3層で構成されています。

このなかで**スキンケアの中心となるのが、表皮と真皮**です。

皮膚の一番外側に位置する表皮の主な働きは**保護作用**です。外部から異物や刺激などが体内に侵入したりダメージを与えたりしないよう守ったり、万が一異物が侵入してきたら、その情報を神経に伝えたりする非常に重要な働きがあります。

また、体内の水分が蒸発しないようにすることで、潤いを保つ働きもあります。

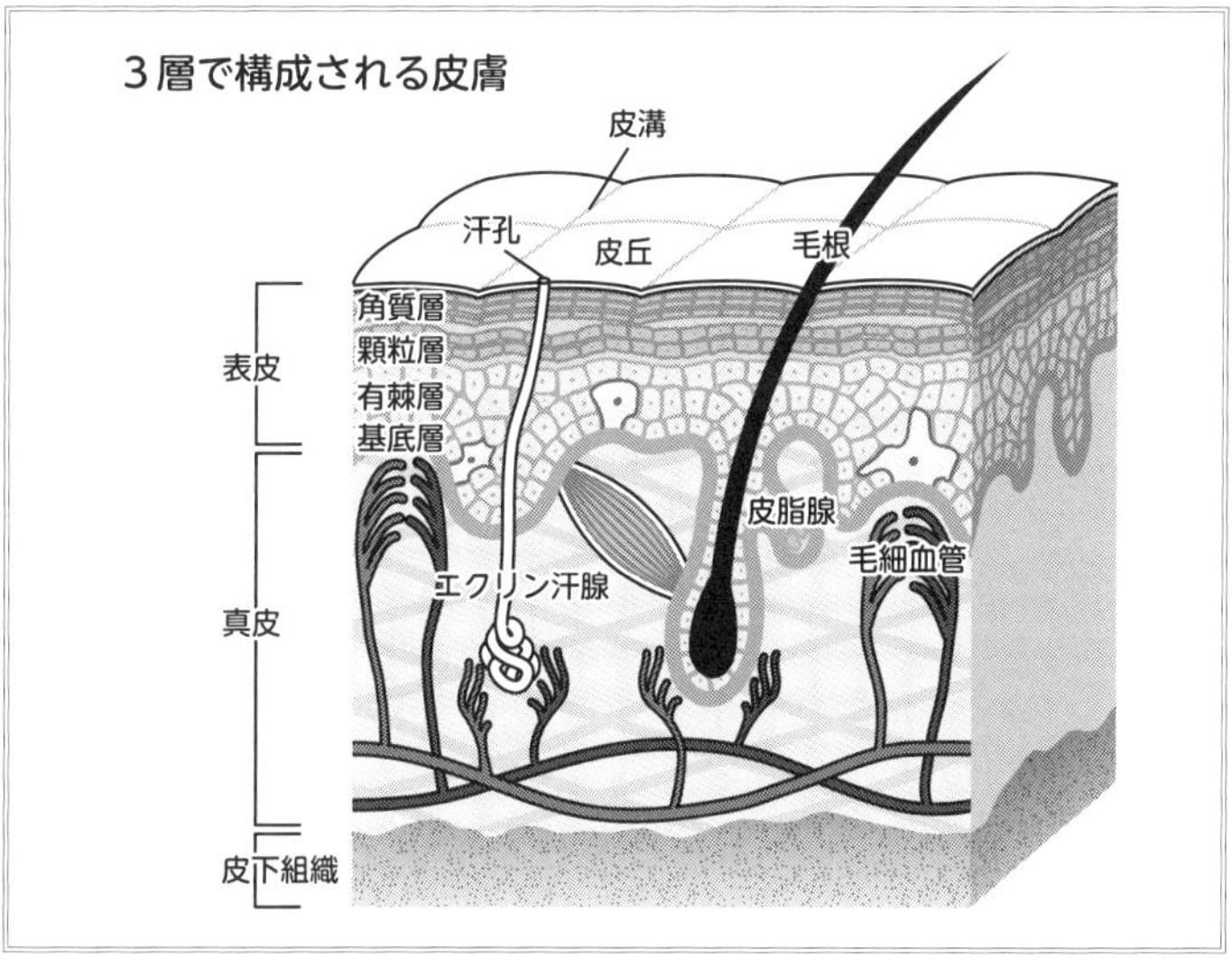

表皮も真皮も働きの低下が見た目に影響

表皮の働きが弱まると、シミや乾燥肌の原因になるだけではなく、お肌の見た目にも影響を与えます。

その表皮の下にある真皮には、クッションのような働きによって**肌の弾力やハリを保つ役割**があります。

真皮の働きが弱まると、シワやたるみの原因になり、これもまたお肌の見た目に影響を与えることになります。

ですから、化粧品やサプリメントで**表皮、真皮を整える**ことが、非常に重要になるのです。

次に表皮、真皮の働きについて詳しく見ていきましょう。

表皮はとびきりの"働きもの"

point!

表皮には、毎日のダメージから立ち上がる機能がある

- 基底層、有棘層、顆粒層、角質層の４層で構成されている
- 正常なターンオーバー周期が大切

毎日のようにダメージを受けている表皮

前のページで表皮の主な働きは保護（バリア機能）だとご紹介しましたが、そのために表皮は**毎日のように外部からの異物や刺激と戦い、日々ダメージを受けています。**

ところが表皮には、毎日ダメージを受けても「立ち上がる機能」が備わっています。

表皮は、基底層、有棘《ゆうきょく》層、顆粒層、角質層という４つの層で構成されています。基底層で新しく細胞が作られ、有棘層、顆粒層と順次上に上がっていき、最後に角質層になるといった角化プロセスを経て、最終的にはアカになって剥《は》がれ落ちます。

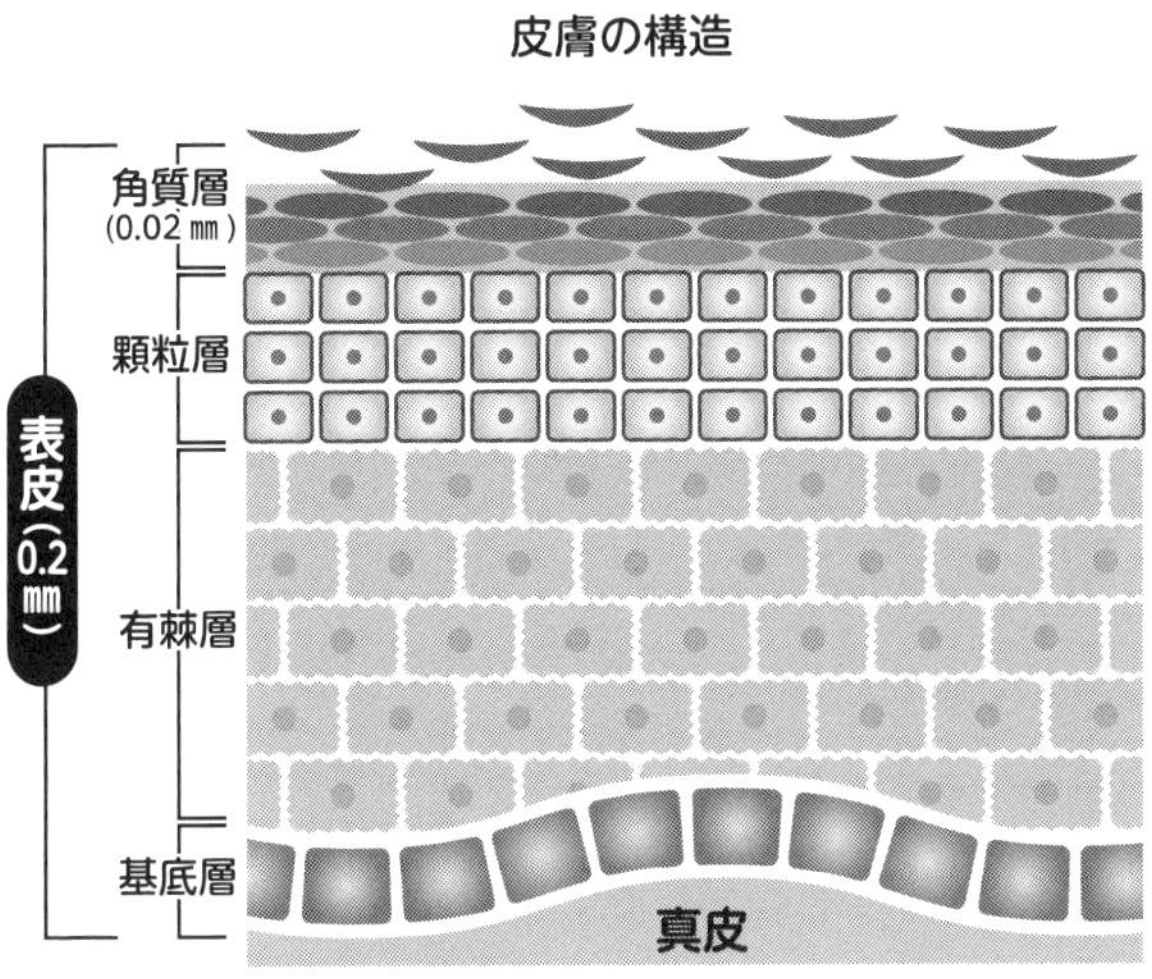

ターンオーバーで表皮は「立ち上がる」

このように細胞が少しずつ変化して生まれ変わっていき、最終的に剥がれ落ちるまでの流れを**ターンオーバー**といいます。

ターンオーバー周期は一般的には28日とされていますが、加齢や生活習慣などによってその**周期が伸びてしまうことが、肌トラブルの原因**とも言われています。ですから、ターンオーバー周期を正常に近づけることが大切になるのです。

ターンオーバーによって表皮は毎日のダメージから「立ち上がり」、外部からの異物や刺激などから体を守ってくれています。

表皮には感謝ですね！　化粧品という〝ご褒美〟を表皮に与えてあげてください。

基底層は皮膚のお母さん

point!

基底層はターンオーバーのスタート地点

- 毛細血管から基底層に栄養や酸素が送られて細胞が作られる
- 表皮と真皮の間に位置する基底膜

基底層のメインの仕事は新しい細胞を産み出すこと

表皮の中で一番忙しいのが基底層です。基底層にはいくつもの働きがありますが、最も重要な働きは「新しい細胞を産み出す」ことです。

1層の基底細胞からなる基底層には、毛細血管から栄養や酸素が届けられ、必要に応じて新しく細胞をつくり出しています。

つまり基底層は、**ターンオーバーのスタート地点**の役割を果たしているのです。

ターンオーバー周期を正常に近づけるには、基底細胞の働きと、毛細血管からの栄養や酸素の供給が非常に重要です。

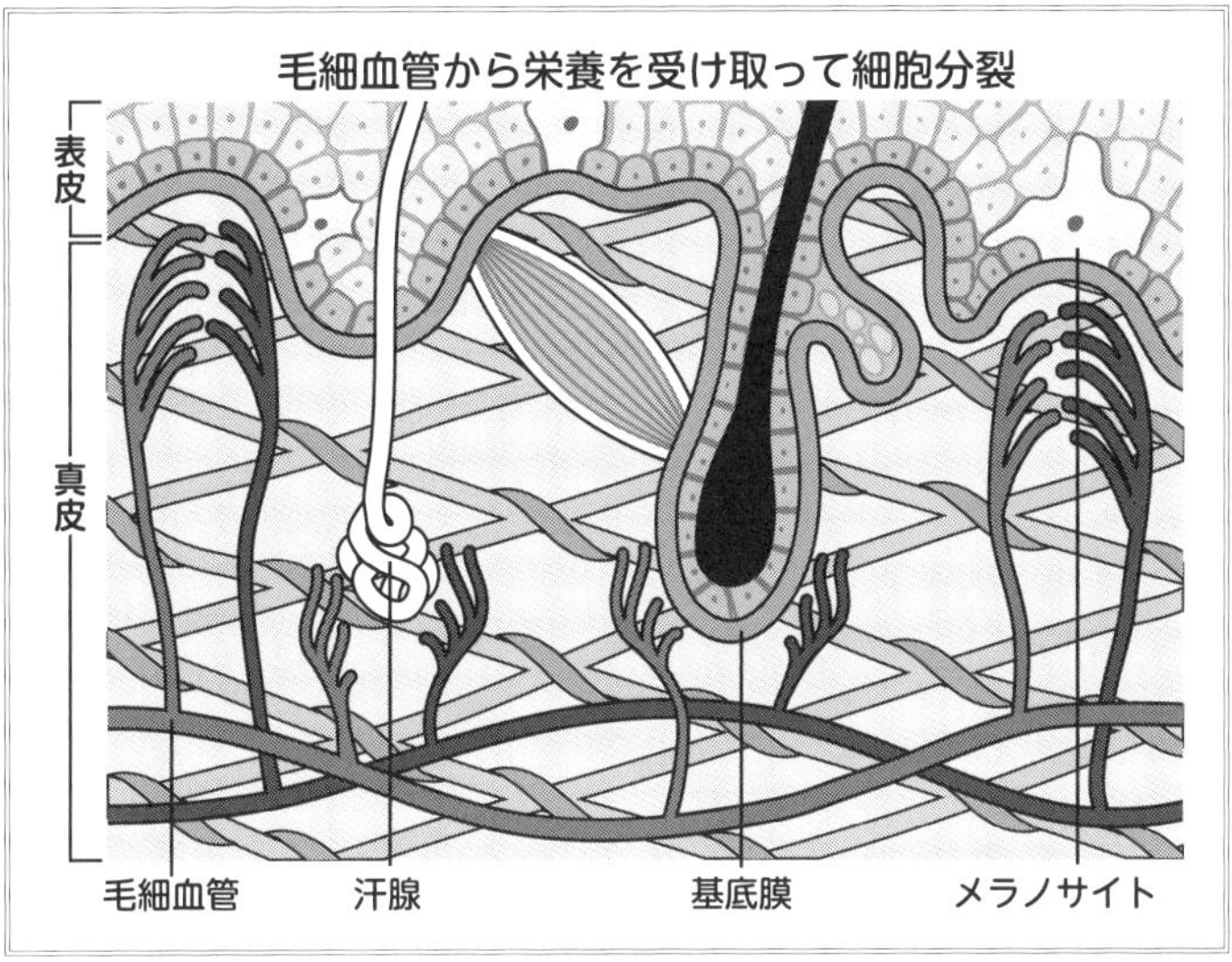

ダメージや紫外線から真皮を守る働きも

基底層には真皮を守る働きもあります。

表皮と違い、真皮はダメージを受けてしまうと、元に戻るのはとても大変です。そのため、基底層は厚さわずか0・1ミクロンほどの基底膜と一体となり強い膜のように真皮に結合することで、真皮をしっかりと守ってくれます。

さらに、基底層にはメラノサイトという細胞があり、メラノサイトがメラニン色素をつくることで、紫外線から体を守ってくれるという働きもあります。

基底層は**新しい細胞を産んだり、紫外線やダメージから守ってくれたり**と、正にお母さんのような存在なのです!

メラニン色素は悪者？　味方？

point!

**メラノサイトで作られる
メラニン色素は体を守ってくれる！**

- メラニン色素は人間の体に必要なもの
- ターンオーバーが何より大切！

刺激を受けると活性化するメラノサイト

基底層のうち約95％は基底細胞です。そして、残りの5％がメラノサイトと言われています。

このメラノサイトは基底細胞の中に点在し、少し真皮側にはみだすような形をしています。

紫外線などの刺激を受けると活性化し、アメーバのように形を変えて、樹状突起という触手が枝を広げるようにたくさん出てきます。そして、**メラニン色素という黒い物質**を作り出し、メラニン色素を表皮内の細胞に注入します。

メラニン色素はシミや日焼けの原因になるため、悪者というイメージをお持ちの方もいることでしょう。

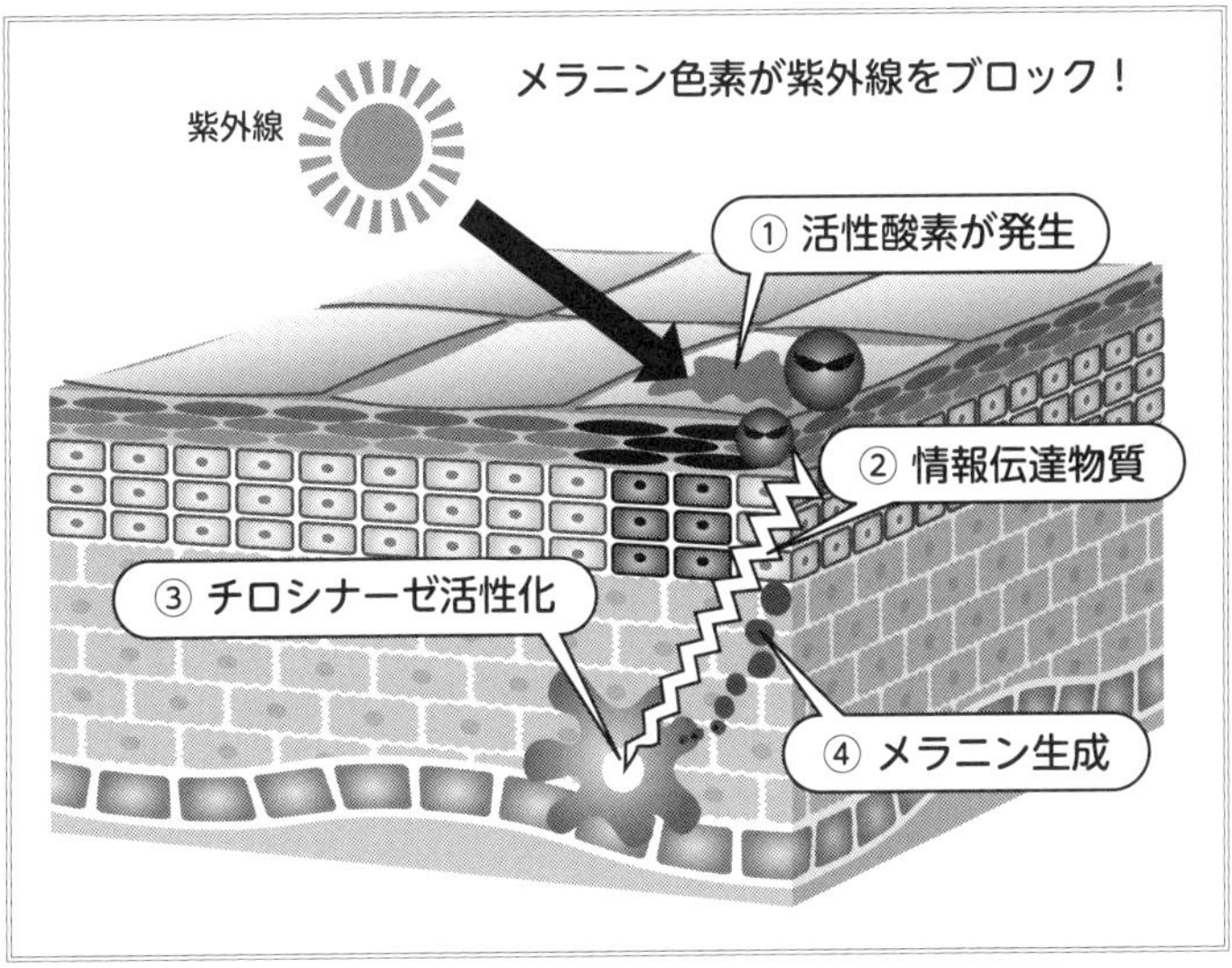

メラニン色素は肌に残らないように！

しかし、メラニン色素は紫外線という有害物質から体を守る目的でつくられるものなので、**実は人間に必要なもの**なのです。

通常ですと、メラニン色素は肌のターンオーバーによって最終的には排泄されます。日焼けしても元のお肌の色に戻るのはこの働きによるものです。ターンオーバー周期が停滞してしまったり、基底膜が弱くなってメラニン色素が真皮にまで落ちることによって、メラニン色素が残ってしまうことが問題です。

メラニン色素が肌に残らないように、**ターンオーバー周期を正常にする**ことが大切なのです！

有棘層と顆粒層のあまり知られていない大切な働き

ランゲルハンス細胞のおかげで免疫機能が活躍！

表皮では、細胞を産み出す基底層と一番外側でバリアの役割を担う角質層が注目されがちですが、実は有棘層と顆粒層にも非常に大切な働きがあります。

有棘層は表皮の中では最も厚く、有棘細胞が約10層重なって出来ています。表面は多くの細かい〝棘《とげ》〟のような形状で、細胞同士が強く結合しています。

この有棘層には「ランゲルハンス細胞」という樹状細胞があり、外部から侵入してきたウィルスや細菌、かび、放射線などの情報を**脳に伝達するセンサー**の役割を果たしてくれます。ランゲルハンス細胞が働いてくれることで、免疫機能が活躍できるのです。

point!

**ランゲルハンス細胞と
ケラトヒアリン顆粒が体を守る**

- ☑ 有棘層にはランゲルハンス細胞
- ☑ 顆粒層にはケラトヒアリン顆粒

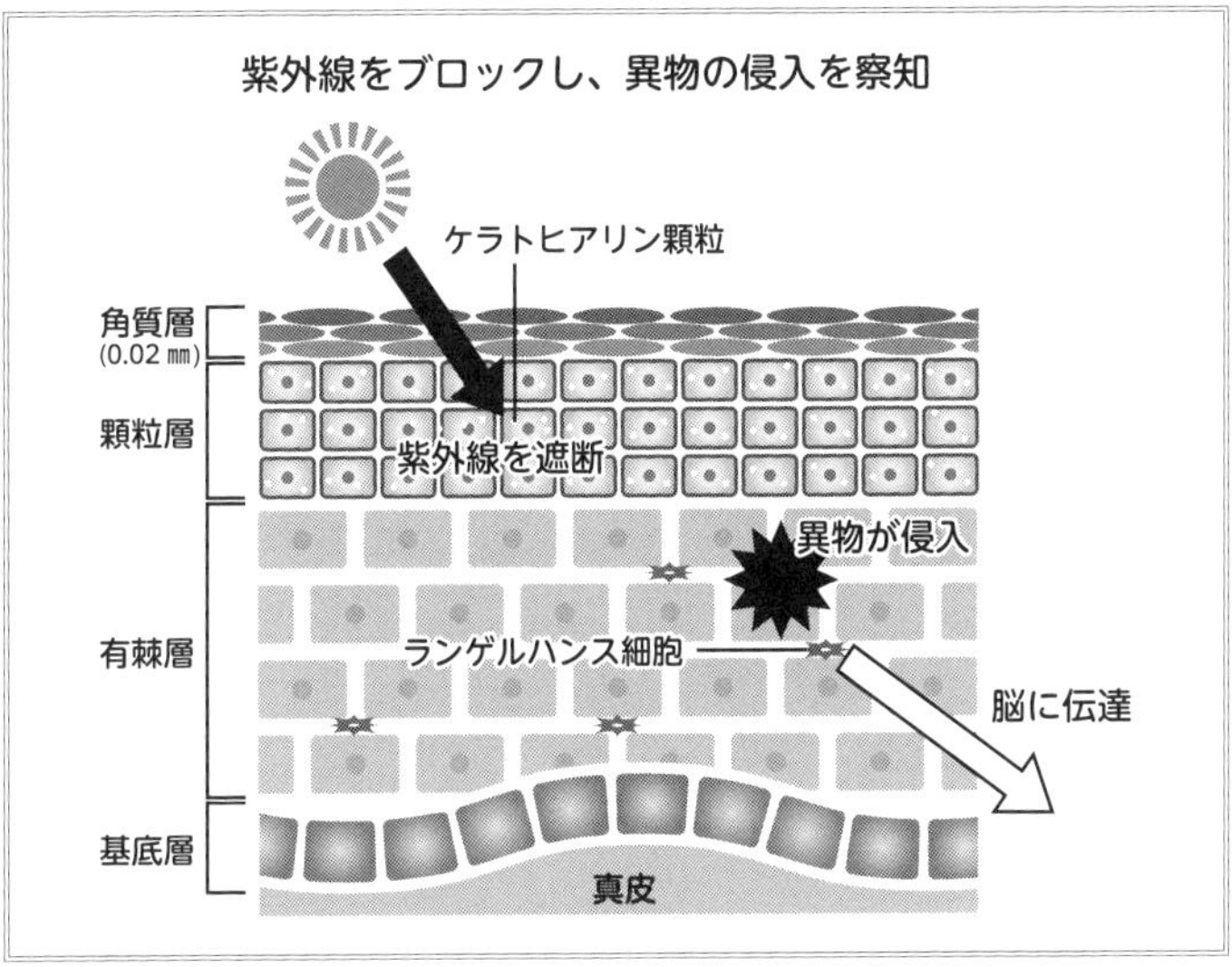

NMFの材料になるケラトヒアリン顆粒

顆粒層には「ケラトヒアリン顆粒」という、小さなビーズのような粒が多く存在します。

このケラトヒアリン顆粒はガラス状の顆粒で、光を屈折させ反射させる性質があり、それが**紫外線を遮断**してくれます。

さらに、それだけにとどまらず、顆粒層が角質層へと変化する際に、ケラトヒアリン顆粒は角質層の重要な保湿成分である**「天然保湿因子（NMF）」の材料**にもなるのです。

一見、地味な存在と思われがちな有棘層と顆粒層ですが、とても重要な働きをしてくれているのですね！

角質層で見た目が決まる

point!

肌の水分を保ち、外部からの刺激をシャットアウト！

- ☑ 天然保湿因子（ＮＭＦ）と角質細胞間脂質
- ☑ 最前線のバリア機能

角質細胞同士をつなぎとめるラメラ構造

角質層は表皮の一番外側に位置し、最前線で体を守ってくれています。角質層は０・０２ミリほどの非常に薄い層で、顔では約20層の角質細胞がレンガのように積み重なっています。そして、角質細胞と角質細胞の隙間を埋めるセメントのような働きをしているのが、お肌の保湿に非常に大切な**角質細胞間脂質**です。

角質細胞間脂質は、親水基（水になじむ）と親油基（油になじむ）が何層にも重なり合ったラメラ構造をしており、角質細胞同士をしっかりとつなぎとめてくれます。そして、角質細胞内の**天然保湿因子（ＮＭＦ）**が角質層をしっかりと保湿してくれます。

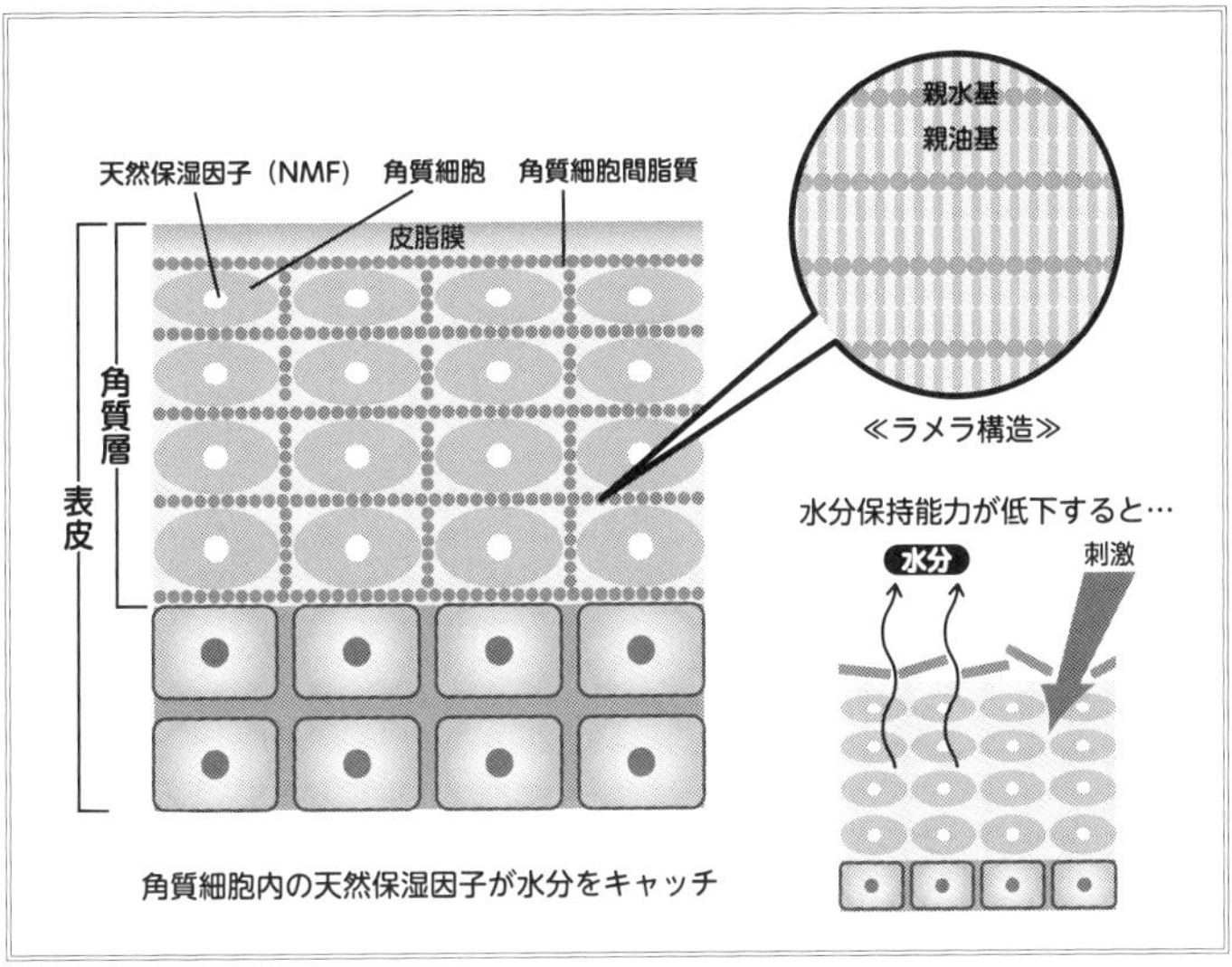

角質細胞間脂質とNMFが水分を保持

健康な角質層は約20～30％の水分を含んでいるといわれますが、これは角質細胞間脂質と天然保湿因子の働きが非常に大きいためです。

反対に角質細胞間脂質や天然保湿因子が不足してしまうと、水分を保持する能力が低下し、バリア機能も低下してしまいます。外部からの異物をシャットアウトし、内部の水分を蒸発させないようバリアする大切な役割を果たしているのが、角質細胞間脂質と天然保湿因子なのです。

しっかりと**保湿されたお肌は見た目にも好印象**を与えますので、角質層を整えるための化粧品選びも大切になってきます。

もう1つのバリア機能――皮脂膜

保湿し、さらに肌を外部の刺激から守る皮脂膜

お肌のバリア機能を担っているものには、もう一つ「皮脂膜」があります。

この皮脂膜は、汗と皮脂が混ざり合ってつくられる、いわば〝天然の保湿クリーム〟で、さらに保湿にとどまらず、外部の刺激から肌を守る働きもしてくれるのです。

前のページでご紹介した角質細胞間脂質と天然保湿因子にこの皮脂膜を加えて、**お肌の3大保湿因子**と呼ばれています。

これに加えて、皮脂膜には**お肌を弱酸性に整えてくれる働き**もあります。

point!

汗と皮脂が混ざって作られる天然の保湿クリーム

- 皮脂膜、角質細胞間脂質、天然保湿因子がお肌の三大保湿因子
- 皮脂膜がお肌を弱酸性に整えてくれる

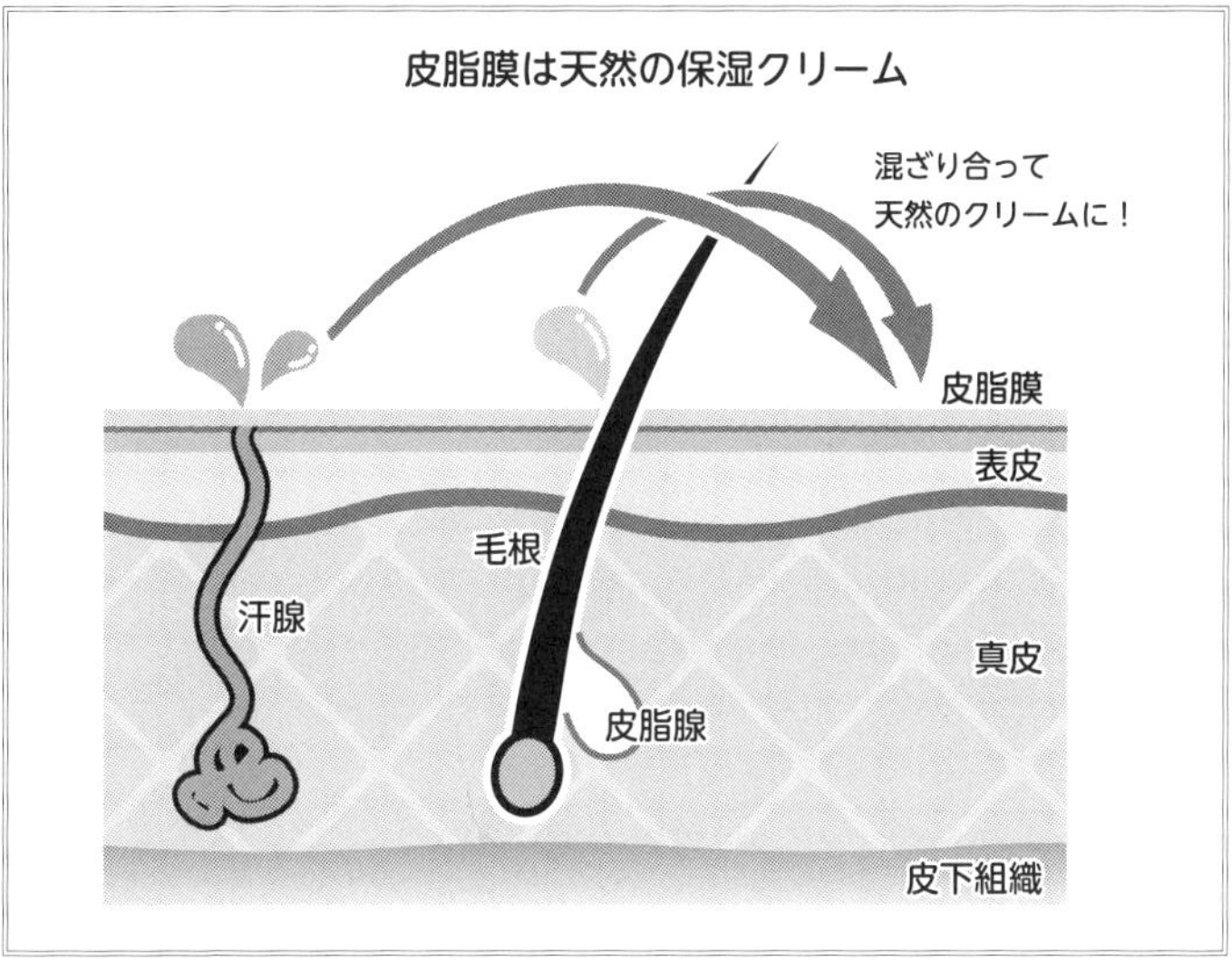

皮脂膜の脂肪酸がお肌を弱酸性に整える

人間のお肌はph4・5～6・5の弱酸性が良いとされています。それは、弱酸性に整えることで、**潤いをもたらしたり、お肌が引き締まる**と言われているからです。

皮脂膜は皮膚の常在菌によって脂肪酸とグリセリンに分解され、この脂肪酸がお肌を弱酸性に近づけてくれるのです。

ところで、皮脂膜には優秀なバリア機能があるため、化粧品の浸透も邪魔してしまうのでは？　と心配される方もいらっしゃるでしょう。確かにその可能性はあります。

そのため化粧品を選ぶ際には、**皮脂膜ともしっかりとなじむもの**を選ぶことが必要となります。詳しくは第3章で解説します。

真皮も生まれ変わっているんです

真皮はお肌の弾力を担っている！

point!

- 主にコラーゲン、エラスチン、ヒアルロン酸で構成される
- 線維芽細胞の働きが大切

コラーゲン、エラスチン、ヒアルロン酸が連携

表皮のすぐ下には厚さ約2ミリの真皮があり、この真皮がお肌の弾力を担っています。

真皮は水分を除くと、約70%が**コラーゲン**という繊維が占めています。このコラーゲンをジョイントしているのが、もう一つの繊維である**エラスチン**です。そして、コラーゲンとエラスチンの間を埋めているのが、**ヒアルロン酸**というジェル状の物質です。これら3つがしっかりと機能して、お肌の弾力が保たれています。

古いコラーゲン、エラスチン、ヒアルロン酸が排泄され、再び新しいコラーゲン、エラスチン、ヒアルロン酸が産生される「生まれ変わり」は真皮でも行われます。

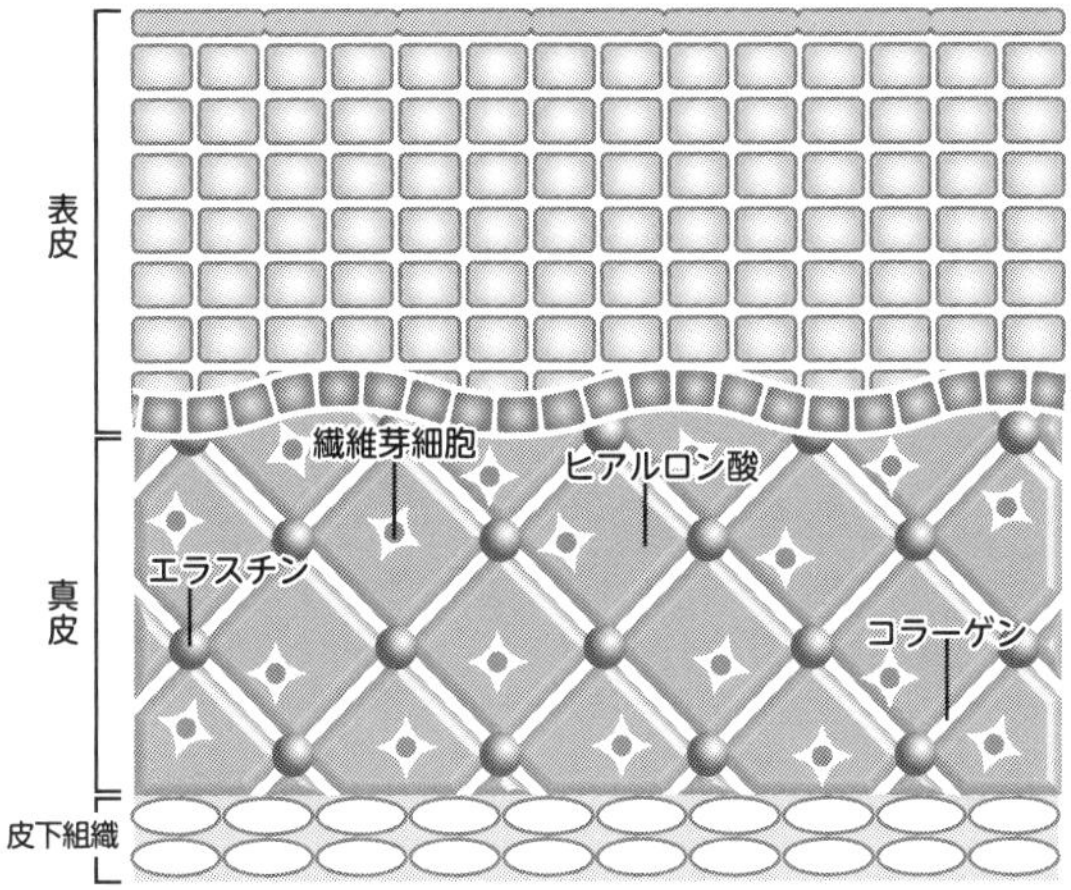

線維芽細胞が衰えるとシワやたるみに

その役割を果たしているのが、**線維芽細胞**です。線維芽細胞がコラーゲン、エラスチン、ヒアルロン酸を生み出してくれていますので、線維芽細胞の働きが衰えるとシワやたるみの発生にもつながります。

また、紫外線や糖化もコラーゲンなどを変性させてシワ、たるみを引き起こします。

そして、真皮には基底層に酸素や栄養素を送る毛細血管や、老廃物を排泄してくれるリンパ管、免疫機能を担う形質細胞や肥満細胞などもありますので、シワやたるみなどの見た目の問題だけでなく、健康を維持する上でも真皮は重要な働きをしているのです。

シミができるメカニズム

point!

シミの種類によって原因と対策は変わってくる

- シミは老人性色素斑、肝斑、炎症性色素沈着、雀卵斑（そばかす）の大きく4つ
- 紫外線、ホルモンバランス、炎症、遺伝の4つが主な原因

ターンオーバーの異常で生じる老人性色素斑

シミは大別すると4種類あり、それぞれ原因と対策が異なるので、しっかり把握することが大切です。

・**老人性色素斑**——紫外線が原因のシミで、一般にシミと言えば老人性色素斑が多いです。お肌に紫外線が当たると情報伝達物質（エンドセリンなど）が発生しメラノサイトに紫外線を浴びたことを知らせます。するとメラノサイトではチロシンというアミノ酸とチロシナーゼという酵素が反応しメラニン色素が発生しますが、これがターンオーバーで排泄されず表皮内に滞留した状態が老人性色素斑です。対策には、紫外線をしっかりとカットし、**適切な美白化粧品**を使用して下さい。

シミの種類によって、原因と対策は変わってくる

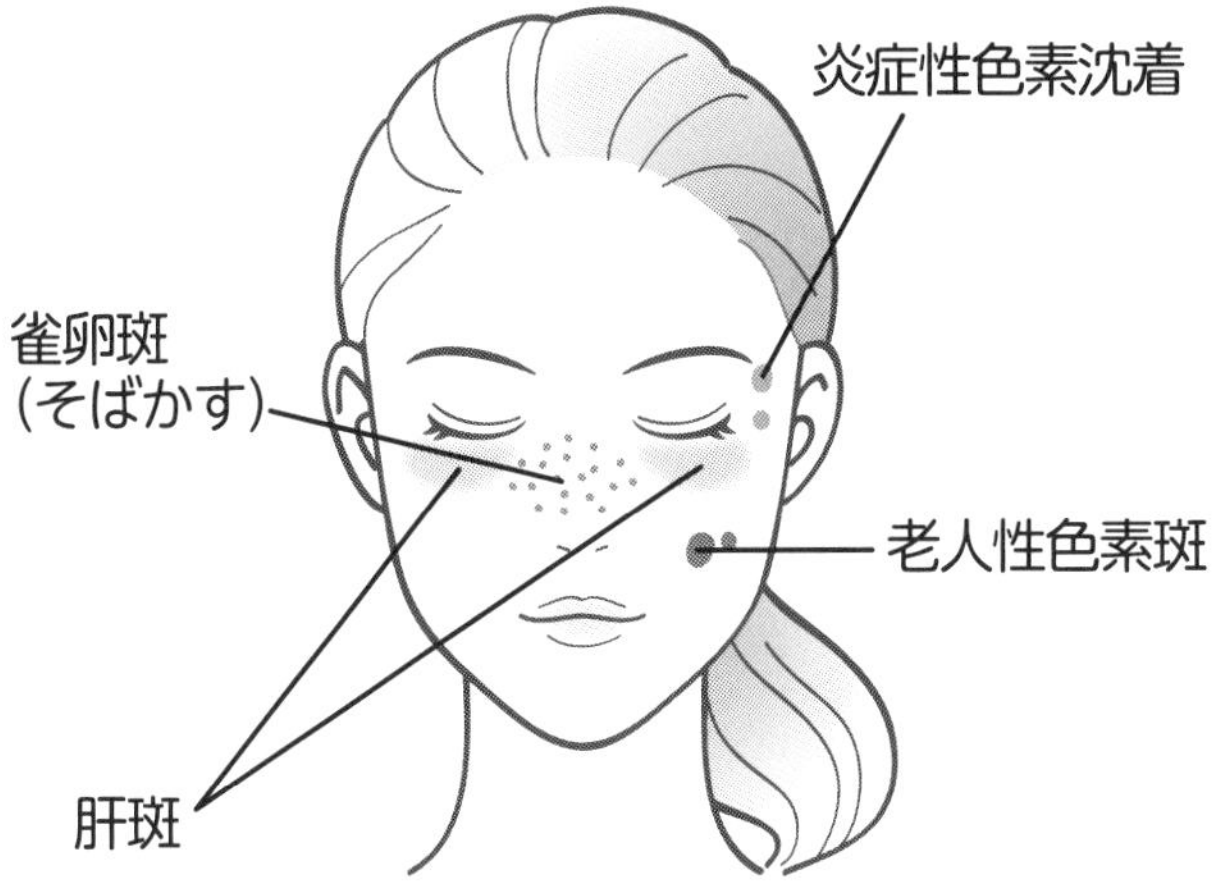

肝斑ならホルモンバランスを整えよう

・**肝斑《かんぱん》**――ほぼ同じ大きさで左右対称、ほお骨近くに表れるモヤっとしたシミです。発生には女性ホルモンが関わっているといわれ、紫外線で濃くなることも。対策には、**ホルモンバランスを整える**ことが大切です。

・**雀卵斑《じゃくらんはん》（そばかす）**――原因は、遺伝的な要因が多いとされています。美白化粧品で薄くすることは可能ですが、残念ながら**化粧品だけでなくすことは難しい**と言われています。

・**炎症性色素沈着（炎症後色素沈着）**――原因は、ニキビ跡や傷など炎症後の色素沈着です。対策としては、**適切な美白化粧品**を使用して下さい。

point!

シワ、たるみができるメカニズム

原因は、線維芽細胞の衰えだけではない

- 紫外線と糖化がキーワード
- コラーゲン等のタンパク質の変性

紫外線のUVAがコラーゲンを破壊

線維芽細胞の衰えでコラーゲン、エラスチン、ヒアルロン酸の産生が遅れることが、シワ、たるみの原因の一つとすでにお伝えしました。ほかに直接的な原因として、**紫外線（UVA）と糖化**が挙げられます。

紫外線のUVAは、波長が長いので真皮まで届いてしまいます。UVAはタンパク質を変性させるため、真皮に存在するコラーゲンなどを直接的に破壊します。コラーゲンが破壊されると皮膚の重みを支えきれなくなり、シワやたるみにつながるのです。

対策ですが、紫外線のUVAをしっかりカットするため日焼け止めの「PA」が高いものをお選び下さい。

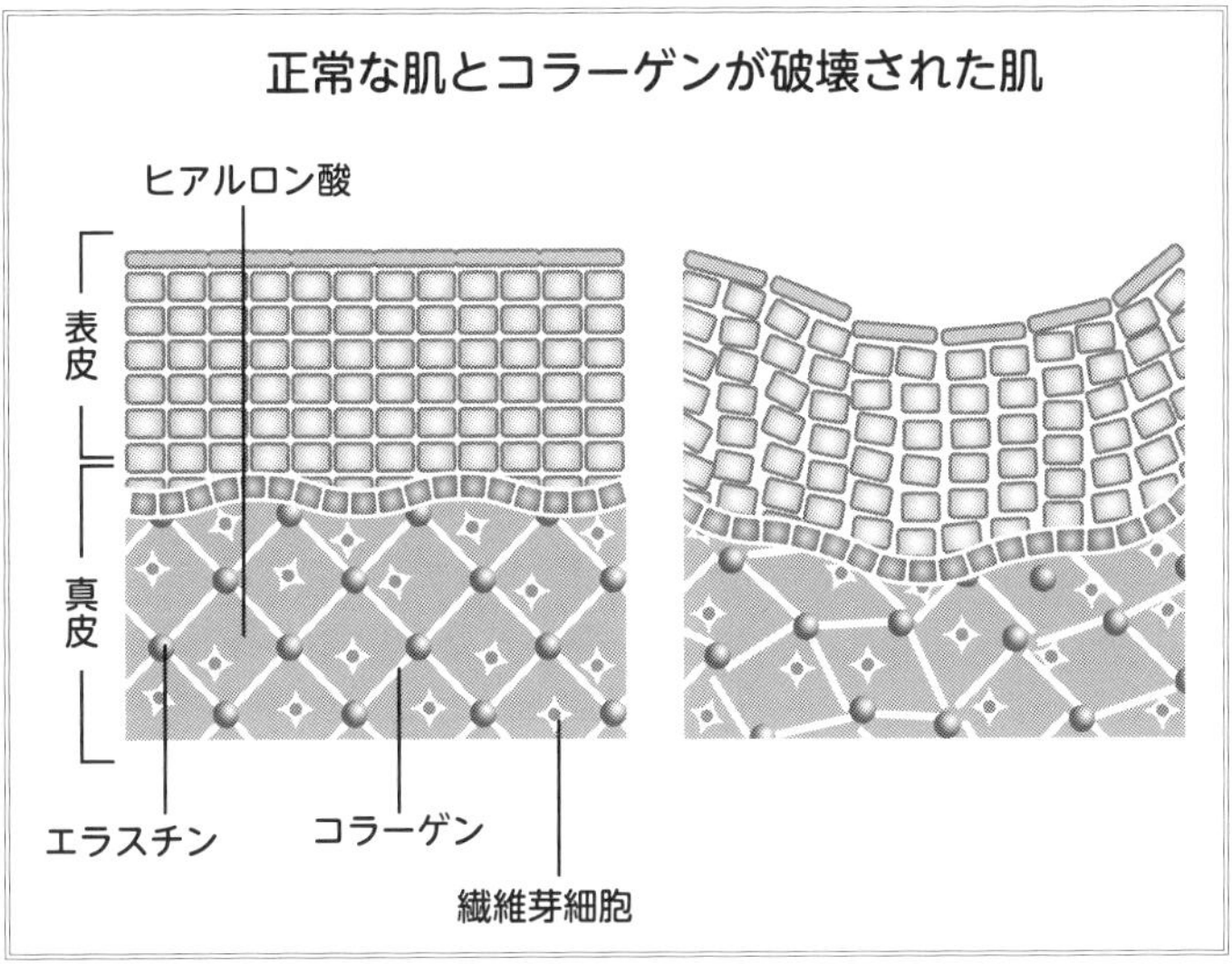

AGEsもタンパク質を変性させる

糖化とは、体を構成するタンパク質と、体内にある過剰な糖質が結合して、**AGEs（終末糖化産物）**という物質が発生する現象です。

このAGEsもUVA同様にタンパク質を変性させますので、コラーゲンなどのタンパク質を変性させて、シワやたるみにつながってしまうのです。

対策としては、糖質をなるべく控えていただくか、糖質を摂取したらなるべく早くエネルギーに変換することです。

糖質をエネルギーに変えることで、タンパク質と糖質の結合を防ぐことができるでしょう。

ニキビができるメカニズム

point!

アクネ菌だけが悪いわけではない！

- ☑ 毛穴詰まりと炎症がキーワード
- ☑ 女性ホルモン（プロゲステロン）にも注意

「白ニキビ→黒ニキビ→赤ニキビ」というプロセス

ニキビは皮脂分泌の多い人がなるイメージがありますが、乾燥肌の人でもニキビになることがあります。**ニキビの発生にはさまざまな要因**が関わっていると考えられますが、代表的なメカニズムは次のとおりです。

まずは、古い角質が毛穴の出口に詰まり角栓をつくります（白ニキビ）。→その角栓が酸化して皮脂の出口である毛穴を塞いでしまいます（黒ニキビ）。→そして、塞がれた毛穴の中で皮脂がたまり、そこにアクネ菌が過剰に繁殖することで炎症を起こし、それがニキビになります（赤ニキビ）。

ニキビができるプロセス

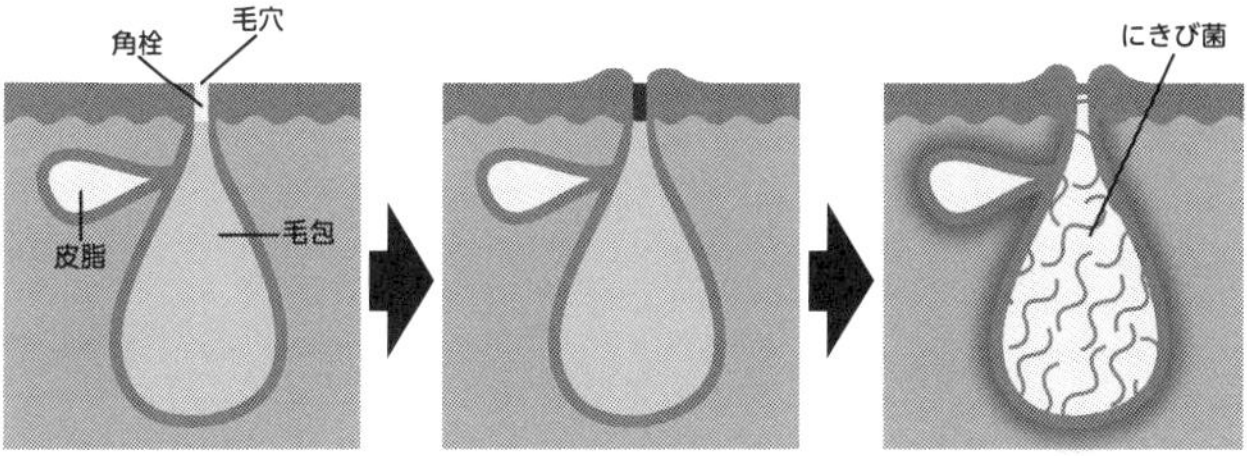

角質が古くなると毛穴の出口で詰まって角栓に。（白ニキビ）	角栓が酸化して表面化すると黒ずみ毛穴を塞ぐ。（黒ニキビ）	出口が詰まってアクネ菌が増殖。炎症を起こす。（赤ニキビ）

ニキビ解消への近道は正しい生活習慣

このように、ニキビの発生には、**角質肥厚、過剰な皮脂、アクネ菌、炎症**という４つのキーワードが関わっているのです

また、女性ホルモンの**プロゲステロン**が優位になる生理前もニキビができやすくなると言われています。

ニキビにはさまざまな要因があるため、対策を絞ることは難しいですが、不規則な生活や偏食、睡眠不足、運動不足などを改善して正しい生活習慣を身につけることが、ニキビ解消への近道だと考えます。

ニキビ対策の化粧品としては、適度なピーリングで角質肥厚を予防する、**抗炎症成分**が入った美容液や化粧水をお選び下さい。

老けたくない人に知ってほしいこと

point!

健康と美容のために
酸化、糖化、炎症を知ろう

- 酸化、糖化、炎症の３つが老化を促進させる３大要因
- ３大要因がそれぞれ絡み合って、体やお肌にダメージを与える

体をサビさせる活性酸素

体やお肌を老化させる要因として知っておくべきキーワードは、**酸化、糖化、炎症**の３つです。

まずは活性酸素による酸化。呼吸で取り込まれた酸素のうち約２％が活性酸素になります。この活性酸素は細菌やウィルスを攻撃してくれますが、ストレスなどで**活性酸素が増えすぎる**と、正常な細胞まで攻撃して病気や肌トラブルの原因となります。

次に糖化。前に触れましたが、糖化とは体を構成するタンパク質と体内の余分な糖質が結合しＡＧＥｓ（終末糖化産物）を作り出すことです。ＡＧＥｓがタンパク質を変性させ、病気や肌トラブルを引き起こします。

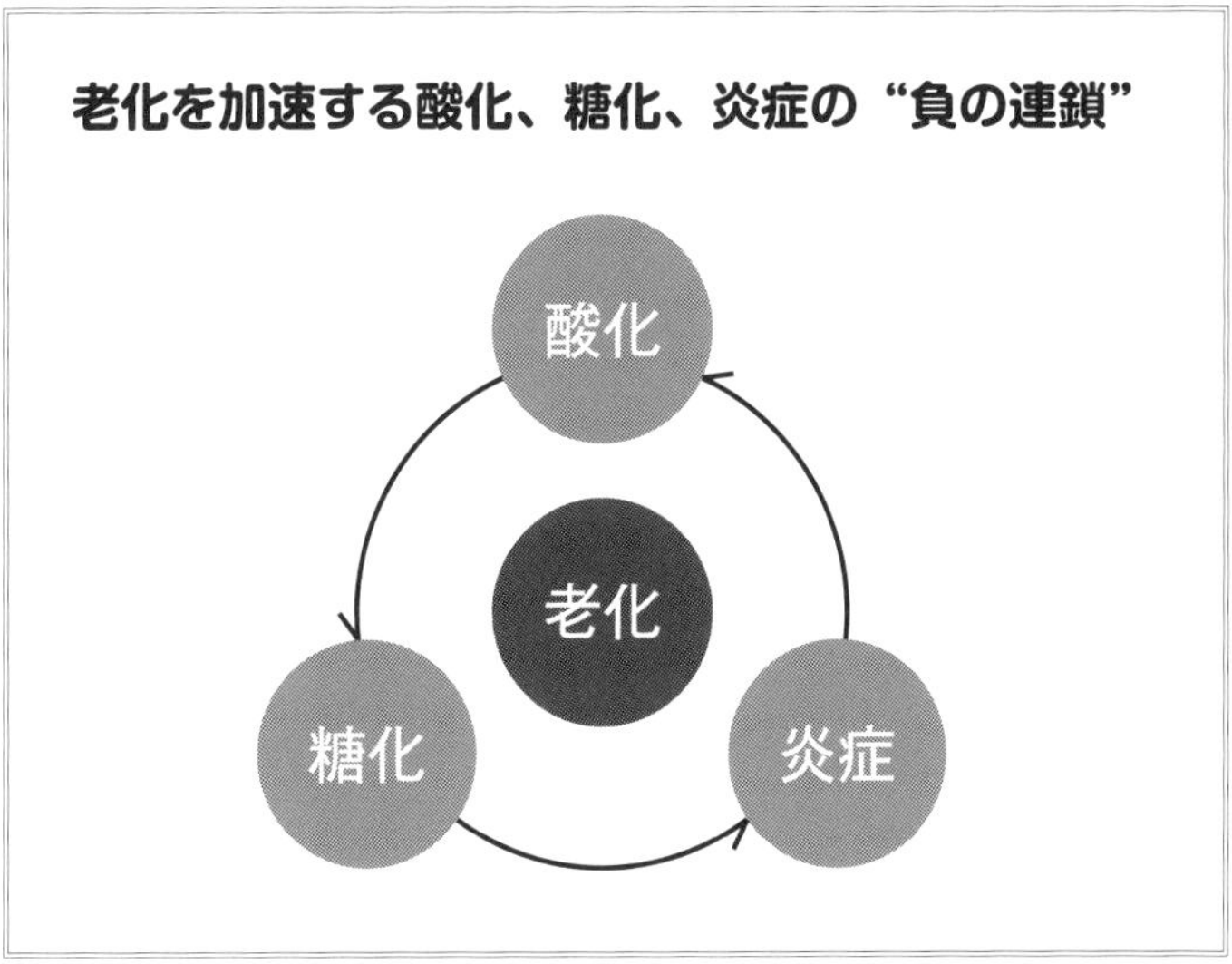

炎症は免疫機能の〝暴走〟

最後は炎症です。炎症は体が損傷を受けたとき、原因を取り除いて修復しようとする免疫機能で、体を守るための防御反応です。ところが**炎症が長引いたり免疫機能が暴走**すると、体や肌にダメージを与えます。

このように酸化、糖化、炎症は、時に体や肌にダメージを与えて老化を促進します。しかも、酸化が起きると糖化につながり、糖化は炎症を呼び起こし、炎症は酸化を招くなど、**それぞれが相互に絡み合いながら負の連鎖**を形づくるのです。

酸化、糖化、炎症を抑制することは健康と美容にとってとても大切ですので、次のページから詳しくご説明します。

酸化が悪いことは知っているけど、実際にどうやって防ぐ？

point!

４種類の活性酸素の違いを知ろう！

- 代表的な活性酸素はスーパーオキシド、過酸化水素、ヒドロキシラジカル、一重項酸素の４つ
- このうち、ヒドロキシラジカルと一重項酸素は凶暴で防御するのがやっかい

ストレスが活性酸素を生むメカニズム

さまざまな病気やシミ、ニキビ等の肌トラブルの原因となる酸化をもたらす活性酸素ですが、その発生原因として挙げられるのがストレスです。

ストレスを受けると、交感神経が優位になり、血管が収縮し血流が悪くなります。その後ストレスが弱まると副交感神経が優位になって、今度は血流が良くなります。

この血流が悪くなる状態から、血液が勢い良く流れる状態に切り替わる際に、余分な活性酸素が増えてしまうのです。

体内に抗酸化酵素がない2つの活性酸素

代表的な活性酸素は、スーパーオキシド、過酸化水素、ヒドロキシラジカル、一重項酸素の4つです。

このうち、スーパーオキシドと過酸化水素は、細菌やウィルスを倒してくれる働きもあります。また、この2つの活性酸素に対しては、元々体内にSODやカタラーゼなどの抗酸化酵素が存在しています。

問題は、**ヒドロキシラジカルと一重項酸素**です。この2つは**体内で悪い働きしかせずに、しかも体内にはこれらを消去する抗酸化酵素が存在しません。**

では、これらの活性酸素からどのように体やお肌を守ればいいのでしょうか？

ストレスを完全になくすのは難しい

活性酸素はスーパーオキシドが酸化して過酸化水素になり、過酸化水素が酸化を受けてヒドロキシラジカルになります。ヒドロキシラジカルを防ぐには、**抗酸化物質をしっかり摂取**することをおすすめします。

一方、一重項酸素は酸素と紫外線が反応することで発生するとされています。一重項酸素を防ぐには、日焼け止めを塗る等の**紫外線対策**が重要です。

活性酸素の原因となるストレスにはさまざまな要因があり、日常生活を送る上で完全に防ぐことは難しいでしょう。ストレスを受けたとしても、抗酸化物質を摂取して、活性酸素から体やお肌を守りましょう！

糖化が悪いことは知っているけど、実際にどうやって防ぐ？

point!

AGEs（終末糖化産物）を作らせないことが大切

- タンパク質と糖質が結合するとシッフ塩基→アマドリ化合物→AGEsに変化
- AGEsは肌や血管、内蔵などを変性させ、さまざまな病気やシワ等の肌トラブルの原因に

シワや病気の原因になるAGEs

体の大部分を構成しているタンパク質と血液中の余分な糖質が結合すると起こる糖化。糖化が起こると最終的にAGEs（終末糖化産物）がつくられて、シワやさまざまな病気の原因にもなると言われています。

糖化反応についてもう少し詳しく紹介しましょう。

タンパク質と糖質が結合すると**シッフ塩基**という不安定な構造の物質になります。さらにその一部は**アマドリ化合物**という安定した構造の物質になります。

タンパク質と糖質が結合したとしても、アマドリ化合物までであれば、シッフ塩基に戻り、タンパク質と糖質に戻ることも可能です。

AGEsになるともう元に戻れない

しかし、アマドリ化合物が**「酸化」**を受けるとAGEsがつくり出されます。

アマドリ化合物がひとたびAGEsになってしまうと、もう元に戻ることができなくなります。

このAGEsには、**タンパク質を変性させる（シワ等）、お肌等を茶色くしてしまう、炎症の原因**になる、という3つの問題があります。

健康や美容にとって、糖化を防ぐことがとても大切であるとおわかりいただけたかと思います。

それでは、どのようにして糖化を防いだらいいでしょうか？

糖質を控え、抗酸化物質を摂ろう！

糖化を防ぐには、放っておくとタンパク質と結合してしまう血液中の余分な糖質を減らすために、**なるべく糖質を控える**ことです。最近、糖質制限ダイエットが流行っていますが、糖質は肥満解消のためだけではなく、健康や美容のためにも控えたほうがいいのです。

そして、アマドリ化合物が「酸化」を受けるとAGEsがつくり出されてしまうので、**抗酸化物質**をしっかりと摂取してください。

「糖質はおいしいのでなかなか制限できない」という方は、〝抗酸化〟を日ごろから意識するようにして糖化を防ぎましょう！

炎症は悪者？　味方？

炎症とは上手に付き合おう！

- 炎症とは体が損傷を受けたときに、原因を取り除いて正常にもどす免疫反応
- 慢性炎症と加齢炎症は悪者

サイトカインの指令で異物を攻撃

シミやニキビを引き起こす原因や、病気になる原因として「炎症」という言葉をよく目にしますね。そのため、炎症には〝悪者〟のイメージがあるのでは？

炎症とは、体が損傷を受けたときに、その原因を取り除いて正常に戻す免疫反応のこと。つまり、**体を正常な状態に戻す働き**なのです。

体内にウイルスなどの異物が侵入すると、サイトカインという生理活性物質が放出され、白血球の一種であるマクロファージや顆粒球などに集合をかけて、ウイルスなどを攻撃するとともに、ウイルスや死んだ細胞を除去してくれます。

長引く炎症は糖尿病や動脈硬化を招く

体内からウイルスがなくなれば、マクロファージや顆粒球は解散し、細胞も再生されて炎症は収まり、元の正常な状態に戻ります。

こうした炎症は一時的に起こってやがて収束することから「急性炎症」と呼ばれます。すなわち、体にとっては〝悪者〟どころか〝味方〟なのです。

では〝悪者〟の炎症とは？

その一つが「慢性炎症」です。慢性炎症は、体内に侵入した異物を排除できずに炎症が続いたり、異物がないのに免疫システムが暴走し、正常な細胞まで攻撃してしまう炎症を指します。

まだ解明されない炎症のメカニズム

もう一つの〝悪者〟が「加齢炎症」です。細胞が老化すると、サイトカインを多く放出します。すると慢性炎症と同じように免疫システムが暴走し、正常な細胞まで攻撃するようになります。

実は中性脂肪を蓄える**脂肪細胞も、膨張し大きくなっていくと、加齢炎症と同様の現象を起こす**と言われています。

加齢炎症を防ぐには、まずは痩せることも大切です！

そして、炎症を抑制してくれる**n－3系脂肪酸**や、免疫系に関わる**タンパク質やビタミン、ミネラル**を摂取することも大切だと考えます。

Column

寝る子はお肌もきれいに育ちます！

毎日欠かさずケアをしている私の肌より、全然お手入れしていないあの子の肌の方がきれいなんて許せない！と、悔しい思いをした経験はありませんか？

実はそのお友だちの美肌の秘密は、“睡眠”にあるかもしれないと言ったら、皆さんは驚くでしょうか？

そのカラクリはこうです。睡眠時に分泌される「成長ホルモン」には、肌を修復する働きがあることは有名ですが、実は睡眠には、もう一つ大切な要素があります。それは「コルネオデスモゾーム」という物質に対する作用です。「コルネオデスモゾーム」はタンパク質の一種で、角質細胞同士を密着させる働きをする物質です。このコルネオデスモゾームが角質層に増えすぎると、角質細胞同士が密着してしまいます。すると肌のバリア機能を整え保湿効果のある「角質細胞間脂質」が入り込む隙間がなくなってしまうため、肌の保湿効果が衰えてしまうのです。

コルネオデスモゾームの増殖を防ぐには、これを分解する必要があります。ポーラ化成工業の最近の研究により、コルネオデスモゾームは「睡眠中」に分解されることが判明しました。「寝る子は育つ」と言いますが、寝る子はきっとお肌もきれいになりますよ。おやすみなさい！

第3章 美容ケア製品をどう選ぶか ——化粧品編

毎日欠かさず化粧品を利用しているが、効果が実感できない……

高級な化粧品を使っているのにお肌が荒れてしまった……

こんな思いを抱いている方があなたの周りにいらっしゃいませんか？

せっかく化粧品を購入するなら、自分の肌質に合ったもので、早く効果を実感できるものの方がいいですよね！

そのためには、化粧品の構造を知ることが大切です。

化粧品は水性成分、油性成分、界面活性剤という3つの基材（ベース成分）に機能性成分、安定化成分、その他成分を配合することでつくられています。

自分の肌質に合う化粧品かどうかは、これらの組み合せによって決まります。

どんな成分が配合されているかを確認するために、化粧品のパッケージには「全成分表示」の記載が義務付けられています。この全成分表示を読み解くことで、自分に合う化粧品を購入前に判断することが可能になります。

この章では、あまり注目されていない「全成分表示」を読み取るコツを覚えていただき、自分に合った化粧品に出会うためのきっかけにしていただければと思います。

イメージだけで化粧品を購入していませんか？

point!

コマーシャルや宣伝広告では化粧品のことは何もわからない

- 化粧品のイメージ戦略だけを参考にしない
- イメージと効果は一致するとはかぎらない

化粧品選びで注意したいポイント

この章では、実際に基礎化粧品を選ぶときのポイントを具体的に挙げていきます。

基礎化粧品を選ぶとき、芸能人が使っている、コマーシャルでこんな宣伝をしていた、なんとなく肌に優しそう……など、その商品が持つ**イメージで選ぶことがあるのではないでしょうか。**

イメージは確かに大切です。しかし、皆さんが化粧品を選ぶときには、それよりももっと大切にしていただきたいポイントが二つあります。

＊その化粧品が本当に肌質に合っているのか？

＊本当に自分に必要な成分が配合された化粧品なのか？

化粧品を購入する大きな動機はイメージ

ある調査によると「化粧品を購入する際の動機」として、テレビコマーシャル、情報番組、口コミ（インターネット含む）などが挙げられています。そういった宣伝による商品の「イメージ」で化粧品を購入する気持ちもわかります。例えば、

・美容液では、「トロリとした」感触の商品が「何となく効きそう」。

・洗顔料では、「泡が立っている」と「何となく肌に負担が少なそう」。

・「植物由来」の化粧品は、「何となく肌に良さそう」。

化粧品各社は「上手なイメージ戦略」を駆使して、商品の販売に結びつけています。

イメージだけではわからない

ただし、それらが本当に自分に合った化粧品なのか、しっかりと判断してください。

・トロリとした感触を出す増粘剤は化粧品の品質保持や感触調整に必須の成分ですが、成分そのものには効果はありません。

・「泡が立っている」洗顔料は、界面活性剤をたくさん配合すればつくれます。

・植物由来成分は1％以下でも十分効果を発揮しますが、その化粧品には植物以外の成分が大半を占めている場合が多いです。

（増粘剤、界面活性剤、植物由来成分は、化粧品には必須の成分です。）イメージだけではなく本当に自分に必要なものなのか、**「全成分表示」を見て判断する**べきなのです。

有効成分だけで商品を選んでいませんか？

point!

スキンケアでは
有効成分以外の成分にも注目を！

- 化粧品は肌本来のモイスチャーバランスでつくられている
- 最も多く配合されている成分にも気を配る

化粧品とは「皮膚を健やかに保つもの」

化粧品の法律上の定義をご存知ですか？

医薬品医療機器等法によれば、「人の身体を清潔にし、美化し、魅力を増し、容貌を変え、又は皮膚若しくは毛髪をすこやかに保つために、身体に塗擦、散布その他これらに類似する方法で使用されることが目的とされている物で、人体に対する作用が緩和なものを言う」となります。

これを簡潔にまとめますと、化粧品とは「皮膚を健やかに保つもの」ということになるでしょう。

ここで言う「皮膚」とは、角質層までを指しています。

角質層の構造を基に化粧品は作られる

法律に則れば「角質層を健やかに保つこと」がスキンケア化粧品の役割になるので、各社は角質層の構造（モイスチャーバランス）を基に化粧品を作っています。

では、角質層のモイスチャーバランスとは？

・汗
・皮脂
・それらが混ざり合った皮脂膜
・天然保湿因子（ＮＭＦ）、角質細胞間脂質など

がバランスよく存在することで角質層は健やかに保たれています。

水性成分と油性成分に注目！

簡単に言いますと、**水、油、保湿成分の3つで角質層のモイスチャーバランスは成り立っていますので**、化粧品は基本的に、

・水性成分（保湿成分）
・油性成分

がベースとなり、そこに界面活性剤や有効成分、安定化成分などを配合してつくられています。

有効成分に注目することはもちろん大切ですが、**化粧品の大部分を占める水性成分と油性成分にも注目する**ことで、一人ひとりに合った商品を選ぶことが可能になります。

次ページから細かく見ていきましょう！

化粧品を構成している基材を知ることで商品選びは変わる

point!

基材次第で
化粧品の効果は変わってくる

- ほとんどの化粧品は水性成分、油性成分、界面活性剤で90%近くを占めている
- 水性成分、油性成分、界面活性剤の選択・配合がカギ

基材次第で製品の仕上がりと効果が大きく変わる

基礎化粧品を選ぶ際には、**機能性成分（有効成分）が注目されがち**ですが、実際には**基材（ベース成分）も非常に重要**です。むしろ、基材によって仕上がりが変わってくるだけではなく、効果も大幅に変わってきます。

基材は**水性成分、油性成分、界面活性剤**の3つに分類されます。

水性成分は水、BG、エタノール、グリセリンなどで、主に保湿がメインの働きになります。

油性成分の主なものは、ミネラルオイル、スクワラン、ホホバ種子油などで、水分の蒸発を防いだり、化粧品の感触調整などに使われます。

界面活性剤は、水性成分と油性成分を混ぜ合わせたり（乳化）、洗浄、分散、湿潤などの働きをし、化粧品の効果を発揮するための必須成分です。

基材の選択・配合は腕の見せどころ

基材は何百種類にも及ぶ水性成分、油性成分、界面活性剤の組み合せによって成り立っています。

これからつくろうとする化粧品にとってベストな成分を選択し、ベストな配合量を割り出して基材は処方されます。

この基材に、機能性成分（美白、アンチエイジング、毛穴ケアなど有効成分）、安定化成分（防腐剤、増粘剤、酸化防止剤、キレート剤、ｐｈ調整剤）、その他成分（香料、着色剤など）を配合して基礎化粧品はつくられます。

基礎化粧品の**大部分（商品によっては90％以上）を占める基材**に、ぜひ注目していただきたいのです。

脇役のように思われがちな成分たち

point!

実は安定化成分は非常に大切

- 形状の安定、腐敗、酸化を抑えるなど品質維持には必須の安定化成分
- イメージ付けに重要な香料や着色剤は、その他成分に分類される

腐敗、酸化、沈殿のリスクにさらされる化粧品

化粧品には**3年間の品質保持義務**があるため（消費期限が明記されているものは別）、3年もの間、品質を安定させるために必要な成分が配合されています。

化粧品は水がメインです。水は放っておくと腐りますが、同様に化粧品もそのまま置いておくと腐ります。

一方、化粧品にはお肌のための栄養が多く配合されています。この栄養は菌に対しても栄養となります。

また、油は放っておくと酸化しますが、化粧品にも油性成分が多く配合されているため、やはり酸化します。

さらに、化粧品はさまざまな成分を組み合わせて処方されているので、放置しておくと沈殿もします。

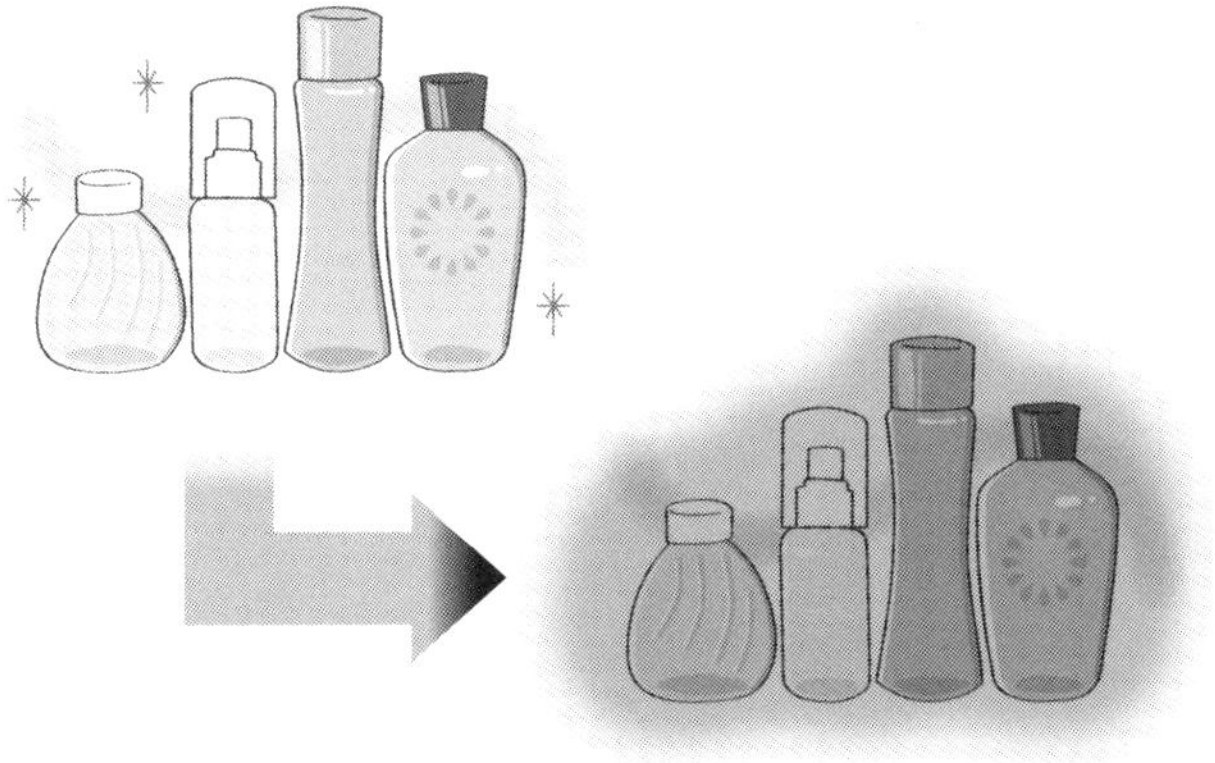

化粧品も時間とともに、腐敗や酸化、沈殿などのリスクにさらされる

安定化成分、そして香料・着色剤の役割

これらの、腐敗、酸化、沈殿などを防いで、**3年間品質を安定させる目的で、安定化成分が配合される**のです。

皆さんに安心して化粧品をお使いいただくことができるのは、安定化成分のおかげとも言えるかもしれません。

香料や着色剤はその他成分に分類されます。スキンケアとしての必要性より製品のイメージ付けや、リラクゼーション等の心理的効果を演出する目的で使用されます。

香りや色によって癒される方もたくさんいらっしゃいますので、その他に分類されてはいますが、非常に大切な成分の一つと言えるでしょう。

水性成分を知ろう

point!

「水性成分」のポイントは保湿

- グリセリン、BG、DPG、エタノールはよく使われる
- 全成分の上位に出てくることが多い

肌を柔軟にしたりうるおいを与える水性成分

水または水に溶けやすい成分は、「水性成分」に分類されます。

水性成分の働きとしては、「肌を柔軟にする」「うるおいを与える」「うるおいを保つ」「浸透を高める」「汚れを落とす」「固形、紛状成分を溶かす」「静菌」などが挙げられます。

水性成分は、化粧品の **「全成分表示」の上位に記されることが非常に多い**のが特徴です。すなわち、**配合量が多い**ということです。

したがって、水性成分は**自分のお肌に合った商品を選ぶ際の重要なポイント**となるのです。

よく使われる水性成分

成分名	分類	特徴
エタノール	アルコール	揮発性あり。清涼感を演出できる。
グリセリン	保湿剤	保湿効果が高く、他の保湿成分の効果も高める。
BG	保湿剤	油性成分の溶解性アップ、防腐効果アップ。
DPG	保湿剤	ベタつきが少なく肌をしっとりさせる。
ヘキサンジオール	保湿剤	多価アルコールの中で抗菌力に優れる。
ヒアルロン酸Na	保湿剤	超微量で「とろみ」をつけることができる。
乳酸Na	保湿剤	安全性の高い保湿成分で、乾燥防止のため食品にも使用。
PCA-Na	保湿剤	洗浄成分に配合すると洗浄後のつっぱり感が軽減される。
水溶性コラーゲン	保湿剤	肌へのなじみが良く、サラッとしている。
ソルビトール	保湿剤	糖類の一種で、化粧水や乳液などによく使われる。
ハチミツ	保湿剤	肌荒れ防止効果もあり、皮膚の薄い部分にも使用可。

「全成分表示」の上位を占める

化粧水以外にもクレンジングや洗顔、クリーム、シャンプー、コンディショナーなどにも、グリセリン、BG、DPG、エタノールなどの水性成分がよく使用されます。

代表的な水性成分を表にまとめました。

「全成分表示」で、どの成分が水性成分なのかを見分けるポイントは次のとおりです。

- **○○ールとつく（エタノール、ヘキサンジオールなど）**
- **肌が本来持っているもの（グリセリン、ヒアルロン酸など）**
- **何となく甘そうなもの（糖類）**

この3つを覚えておけば、水性成分の見極めが可能です（一部該当しない成分あり）。

油性成分を知ろう

point!

化粧品の感触や効果は油性成分のチョイスによって左右される

- 油性成分は、分類が大切
- 油性成分の働きは多岐にわたる。皮膚を柔らかくしたり、バリア効果も期待できる

種類によって大きく特徴が異なる

化粧品の成分のうち、油の性質が強いものを油性成分といいます。

油性成分の働きとして、保水作用、柔軟作用、保護作用、感触調整、メイク落としなどが挙げられます。

油性成分は、構造によっていくつかの種類に**分類**されます。この**分類により、化粧品の感触や皮膚への作用、クレンジング力などが変わってきます**ので、どのように分類され、どんな特徴があるかを把握しておくことはとても大切です。主なものは次のとおりです。

・炭化水素――水分が蒸発するのを抑制し、水分をキープする働きに優れている。

よく使われる油性成分

分類	成分例	特徴
炭化水素	スクワラン ミネラルオイル ワセリン	安定性に優れ、さまざまなアイテムに使用。
高級脂肪酸	ステアリン酸 パルミチン酸	クリームの伸びや固さの調整に使用。
高級アルコール	セタノール ステアリルアルコール	ベタ付きが少なく、さらっとした感触。
エステル油	ミリスチン酸イソプロピル エチルヘキサン酸セチル トリエチルヘキサノイン	軽い質感から重い質感まであり、さまざまなアイテムに使用。
ロウ(ワックス)	ホホバ種子油 ミツロウ	クリームなどの固さ調整、ツヤ向上などに使用。
油脂	オリーブ果実油 マカデミア種子油	皮膚が本来持っている保湿成分に似ている。
シリコーン	ジメチコン シクロペンタシロキサン	高い撥水性があり、低分子のものはさらっとしている。

分類がわかれば肌質に合うか判断できる

・高級脂肪酸――主に石ケンの材料となる。
・高級アルコール――主に粘度調整や乳化補助として使用。
・油脂――肌が本来持っている皮脂膜に近い性質。アクネ菌のエサになることもある。
・エステル油――炭化水素と油脂の中間の性質。
・ロウ――スティック状化粧品の基材として、または粘度調整、ツヤ向上に使用。
・シリコーン――高い撥水性があり、さらっとした感触。

「全成分」に記された油性成分の**分類がわかれば、肌質に合う化粧品かどうか判断できます**ので、しっかりと理解しましょう！

界面活性剤を知ろう

point!

化粧品の効果を発揮するには絶対に必要な成分

- 水性成分と油性成分を混ぜ合わせる（乳化）
- 洗浄、帯電防止、分散、湿潤の働きで化粧品の効果を発揮させる

「界面活性剤はお肌に良くない」は間違い！

化粧品のほとんどのアイテムは、水性成分と油性成分を配合してつくられますので、**水と油を混ぜ合わせる**ものが必要になります。

その水と油を混ぜ合わせる「乳化」が界面活性剤の大きな役割の一つです。

今でも界面活性剤はお肌に良くないというイメージをお持ちの方もいると思いますが、**化粧品を製造する上で必須の成分**です。適切な界面活性剤を選べば、お肌に問題を起こすことはありません。

それどころか、**化粧品の効果を発揮させる**には、界面活性剤は絶対に必要なものであると言えます。

界面活性剤の特徴と用途

タイプ	特徴	主な用途
陰イオン界面活性剤（アニオン）	・洗浄力が強い ・乳化・分散性にすぐれている ・泡立ちがよい	シャンプー、洗顔料など
陽イオン界面活性剤（カチオン）	・帯電防止効果がある ・殺菌性がある ・繊維などに吸着する	コンディショナー、リンス、制汗剤など
両性界面活性剤（アンホ）	・肌に対してマイルドな洗浄 ・マイルドな殺菌力 ・他の活性剤との相乗効果がある	シャンプー、洗顔、柔軟剤など
非イオン界面活性剤（ノニオン）	・乳化にすぐれている ・可溶化剤、増粘剤としてさまざまな使い方 ・泡立ちが少ない	化粧水、乳液、クリームなど

化粧品の効果を引き出すさまざまな役割

乳化以外にも界面活性剤には、

・洗浄――洗顔やシャンプーなどに使われる
・帯電防止――コンディショナーなどに使われる
・分散――紛状の成分を均一に混ぜる
・湿潤――肌と馴染みを良くする

などの役割があります。

界面活性剤が化粧品の効果を発揮する上で、いかに役立ってくれているかがおわかりいただけると思います。

界面活性剤について知ることで、**自分に合った化粧品を選ぶことが可能**になるのです！

界面活性剤の見分け方

point!

全成分表示を見れば
界面活性剤の中身を見抜ける

- ☑ 名前は難しいけれど、見分けるポイントをぜひ覚えて！
- ☑ どのタイプの界面活性剤なのかを知ろう

見分けるポイントを覚えれば化粧品選びに役立つ

界面活性剤が化粧品には必要不可欠な成分ということはおわかりいただけたかと思いますが、界面活性剤の成分名は難しいものが多く、とっつきにくい印象をお持ちの方も多いと思います。

前ページで紹介したとおり、界面活性剤はタイプによって特徴や用途が大きく異なります。全成分表示を見て**どのタイプの界面活性剤なのかを判断する**ことがとても大切なのです。

左表では、界面活性剤を見分けるポイントをまとめました。これを覚えて、ご自身にあった化粧品選びにお役立ていただければと思います。

主な界面活性剤の見分け方

タイプ	見分け方
陰イオン界面活性剤（アニオン）	・「石ケン」を含む。 ・「～酸Na」、「～酸K」、「～酸TEA」、「～タウリンNa」、「～タウリンK」、「～タウリンMg」で終わる名前がついている。 ※クエン酸Na、水酸化Na、硫酸Na、乳酸Na、炭酸Naは含まない。
陽イオン界面活性剤（カチオン）	・「～クロリド」、「～ブロミド」「～アンモニウム」で終わる名前がついている。
両性界面活性剤（アンホ）	・「～ベタイン」、「～オキシド」で終わる、または「アンホ」を含む名前がついている。
非イオン界面活性剤（ノニオン）	・「～グリセリル」、「～ポリグリセリル-数字」、「～DEA」、「～MEA」、「～ソルビタン」で終わる、または「ポリソルベート～」、「オレス-数字～」、「ステアレス-数字～」、「ラウレス-数字～」、「セテス-数字～」から始まる、または「～酸PEG-数字～」を含む名前がついている。 ※一部例外あり。

一般的には刺激の少ないものが使われる

化粧品には必須の界面活性剤ですが、皮膚への刺激で序列をつけるとしたら、刺激が低い順に、

【低】ノニオン→アンホ→アニオン→カチオン【高】

となります。

一般的にお肌につける化粧水、乳液、クリームなどには、刺激がほぼないノニオンやアンホが使われますので、安心してお使いいただけます。

ただ、ご自身が使っている化粧品にどのタイプの界面活性剤が配合されているのかを知ることはとても大切なので、ぜひ見分け方を覚えていただきたいのです。

安定化成分を知ろう

point!

安心して化粧品を使うための必須成分

- 増粘剤、防腐剤、酸化防止剤、キレート剤、ph 調整剤などに分類される
- 化粧品は3年間の品質保持義務がある

安心して化粧品を使えるのは安定化成分のおかげ

安定化成分には、**増粘剤、防腐剤、酸化防止剤、キレート剤、pH調整剤**などがあります。

・増粘剤——液体に溶かすことでとろみや固さなど製品に粘度をつけるための成分で、化粧品の原料に多く使われる粉を沈殿させない目的や、水よりも軽い油が浮いてこないようにするために使われます。

・防腐剤——化粧品には水分や栄養分が多く配合されており、開封後に細菌や微生物などが入って繁殖するリスクがあります。そのため防腐剤が必要です。

・酸化防止剤——化粧品には酸化しやすい油性成分などが配合されており、これを防ぐのが酸化防止剤です。

よく使われる安定化成分

成分名	分類	特徴
カルボマー	増粘	水分を抱え込む力が非常に強い。
ペクチン	増粘	天然ポリマー（多糖類）で水にとろみを与える。
キサンタンガム	増粘	低濃度で高粘度の溶液にすることができる。
パラベン類	防腐	微量で高い抗菌作用があり、広範囲の微生物に対応可。
フェノキシエタノール	防腐	パラベンが効きにくい微生物に有効。
安息香酸Na	防腐	殺菌作用は弱いが、静菌作用は強い。
BHT	酸化防止	自らが酸化されることで脂質の酸化を防止する。
トコフェロール	酸化防止	酸化防止だけではなく、血流促進などの効果も。
EDTA-2Na	キレート剤	主に石ケン、洗顔、シャンプーなどに使われる。
水酸化Na	pH調整	アルカリ性を示す。
クエン酸	pH調整	酸性を示す。

アルカリ性に傾くと肌は乾燥する

・キレート剤――水に含まれるミネラルが石ケンなどの泡立ちをじゃまして洗浄力を低下させるのを防ぐため、キレート剤が使われます。

・pH調整剤――油性成分の高級脂肪酸にアルカリ剤の水酸化Naや水酸化Kなどを加えると石ケンになります。増粘剤にアルカリ剤を加えると、とろみを増します。人間の肌は4.5~6.5の弱酸性になると、潤いをもたらしたり、引き締まるとされていますす。反対にアルカリ性に傾くと乾燥してしまいます。化粧品にクエン酸などの酸性剤を入れることで、**お肌を弱酸性に保つ働き**を加えることができます。

その他成分を知ろう

point!

**その他成分の代表は
香料、着色剤など**

- ☑ 化粧品の使用感を高める温感成分、冷感成分
- ☑ 化粧品のイメージを良くする着色剤、香料

化粧品のイメージを決する大切な要素

その他成分には、温かく感じさせる温感成分、清涼感を演出しスキッとさせる成分や、化粧品そのものを美しく見せるための着色剤、さまざまな香り付けをするための香料などがあります。

成分そのものにお肌などへの効果があるというよりも、**化粧品のイメージを高めるための成分**です。

化粧品は化学を利用してつくられるものですが、一方で**商品としてのイメージも非常に大切**ですので、その他成分のチョイスも重要となってくるのです。

温感を出す成分にはゼオライト、スキッとさせる成分（冷感成分）にはメントールなどがあります。

よく使われるその他成分

成分名	分類	特徴
トウガラシ果実エキス	温感	肌の熱刺激受容体を刺激し、長時間の温感を持続
ゼオライト	温感	水と混ざると発熱するが、温感は持続しない
メントール	冷感	肌の冷刺激受容体を刺激し、長時間の冷感を持続
エタノール	冷感	蒸発時に肌の熱を奪うため、肌の温度を下げる
タルク	着色剤	体質顔料。他にシリカ、マイカ、カオリンなど
酸化鉄	着色剤	着色顔料。他にベンガラなど
酸化チタン	着色剤	紫外線散乱剤、白色顔料
酸化亜鉛	着色剤	紫外線散乱剤、白色顔料
メトキシケイヒ酸エチルヘキシル		紫外線吸収剤
t-ブチルメトキシジベンゾイルメタン		紫外線吸収剤
オキシベンゾン		紫外線吸収剤
天然香料		天然香料
合成香料		合成香料

天然香料＝「お肌に優しい」わけではない

着色剤は化粧品の色を整えたり、ファンデーションなどに使用されます。

ファンデーションなどの色は、黄、赤、黒、白の組み合せで色を調整します。黄、赤、黒は酸化鉄で、白は酸化チタンや酸化亜鉛で色を出します。化粧品の全成分で、酸化鉄や酸化チタンなどが出てきた場合には着色剤だと判断できます。

香料は、大きく合成香料と天然香料に分けられます。何となく天然香料の方がお肌に優しいイメージがありますが、香り成分以外にもさまざまな成分が含まれており、必ずしもお肌に優しいとは言い切れませんので、ご注意ください。

機能性成分を知ろう

point!

機能性成分こそ化粧品の"主役"

- 美白、アンチエイジング、抗シワ、抗炎症など
- 「予防の成分なのか？」「改善の成分なのか？」の見極めが大切

化粧品選びのポイントとなるのが機能性成分

多くの方が化粧品を選ぶ際のポイントにしているのが、この機能性成分でしょう。

化粧品で「効果効能」は謳《うた》えませんが、美白やアンチエイジングなどは原料レベルでさまざまなデータがあり、それらを配合することで有効性への期待を感じてもらうことができます。そのため、原料メーカー各社は費用を投じて新しい機能性成分を開発したり、新たな効果をアピールするための実験を続けています。

機能性成分が配合された化粧品を選ぶ際に大切なことは、**その成分が「予防」の成分なのか「改善」の成分なのかを見極める**ことです。

代表的な美白成分

紫外線を浴びたことをメラノサイトに知らせない（情報伝達物質を阻害）	・カモミラET ・t－AMCHA（t－シクロアミノ酸誘導体） ・トラネキサム酸
メラニン色素をつくらせない（主にチロシナーゼ酵素を阻害）	・エラグ酸 ・アルブチン ・ルシノール ・リノール酸 ・トラネキサム酸 ・油溶性甘草エキス ・ハイドロキノン ・ビタミンC誘導体（一部は作用が異なる） ・（ロドデノール） ・プラセンタエキス
メラニン色素の排泄（ターンオーバーを活性）	・4MSK（4－メトキシサリチル酸カリウム塩） ・エナジーシグナルAMP ・プラセンタエキス

予防か改善かでおすすめ商品は変わる

例えば美白成分では、

①紫外線を浴びたことを知らせない
②メラニン色素を作らせない
③メラニンを排泄する

と大きく3つの働きがあります

美白をキープしたい方には①と②の成分がおすすめですし、シミを薄くしたい方には③の成分がおすすめです。

シワやニキビなどの機能性成分でも**予防の成分なのか、改善の成分なのか**によっておすすめの商品は変わってきます。

機能性成分で化粧品を選ぶ際には、**どのタイプの成分が配合されているのか**をしっかりと確認することが大切です。

言葉のトリックによる「カラクリ」に気をつけて！

「パラベンフリー」でも別の防腐剤が入っている

「○○無添加化粧品」「○○フリー化粧品」などと謳った広告を目にすることがよくあると思います。

これは、「○○という成分はお肌に悪いので、その成分を配合していませんよ！」と**暗にアピールして化粧品を販売するという手法**です。

例を挙げれば「パラベンフリー」や「アルコールフリー」「化学物質無添加」などですね。

これらの宣伝手法には、実は**カラクリ**があります。

まず「パラベンフリー」化粧品ですが、パラベンの代わりに他の種類の防腐剤や静菌作用のある多価アルコールが入っていることがあるのです。

point!

○○無添加、○○フリー＝安全とは限らない

- そもそもお肌に悪い成分は化粧品には配合しない
- ○○無添加や○○フリーは化粧品会社がつくり出した宣伝方法

恐怖心を煽る販売手法には注意！

「アルコールフリー」については、化粧品でアルコールといえばエタノールのみを指すため、これを除き代わりに多価アルコールという成分を配合する場合が多いです。

また、そもそも化粧品の成分はすべて化学物質ですので、「化学物質無添加」の化粧品はつくることはできません。

日本では化粧品原料の規格は非常に厳しく管理されており、**お肌に悪いものが配合されているとは考えにくい**です。

もちろん特定の成分にアレルギーがある方にとっては「○○フリー」の記載は必要ですが、ほとんどは「○○は危険」という**恐怖心を煽《あお》る販売手法なので注意が必要**です。

パラベンフリー、防腐剤フリーのカラクリ

point!

防腐剤フリーでは、防腐効果を持つ成分が入っている

- 防腐剤はそもそも肌に悪いものではない
- アルコール類を大量に入れれば防腐剤フリー化粧品ができる

パラベンは安全な防腐剤

先ほどのページでは「パラベンフリー」化粧品のカラクリに触れましたが、防腐剤フリーの化粧品をつくるには、静菌作用（菌が育ちにくい環境をつくる作用）のあるBGやヘキサンジオールなどの多価アルコールをたくさん配合すればつくることが可能です。そもそも、パラベンフリーの化粧品は必要でしょうか？

左表をご覧ください。ここに記入されている最大濃度とは、「この防腐剤を最大で何パーセント配合できるか」を表す数字です。**パラベンは最大で1％も配合することができる、安全な防腐剤**であるということがおわかりいただけるかと思います。

化粧品に使われている主な防腐剤

名称	最大濃度
パラベン類	1%
安息香酸	0.2%
サリチル酸	0.2%
トリクロサン	0.1%
フェノキシエタノール	1%
塩化ベンザルコニウム	0.05%
メチルイソチアゾリノン	0.01%
ジンクピリチオン	0.01%
ピロクトンオラミン	0.05%

化粧品に必須の防腐剤を敵視しないで！

パラベンだけを特別に推奨しているわけではありませんが、パラベンフリーや防腐剤フリーという広告手法を使いたいがために、パラベンよりも安全性の劣る防腐剤を配合したり、大量の多価アルコールを配合することが、**果たして消費者のためになるのでしょうか？**

化粧品はお肌のための栄養がたくさん含まれています。栄養がたくさんあるということは、菌にも好まれる環境であるということですので、防腐剤は化粧品を安心してお使いいただくには必要な成分なのです。

防腐剤を敵視せずに、ぜひともうまくお付き合いいただければと思います。

天然VS合成

point!

なんとなくイメージがいいから"天然"が広告で使われる！

- 天然成分の安定性を高めたものが合成成分
- 「合成はお肌に悪い」は間違い！

「天然」「自然派」は化粧品会社のイメージ戦略

化粧品のキャッチコピーで「天然由来」とか「植物由来」「自然派化粧品」などをよく目にします。これは、〝天然〟〝植物〟〝自然派〟などの言葉にお肌に優しいイメージがあるためで、**化粧品各社が宣伝の手法として使っている**のです。

逆に、「合成」という言葉には、なんとなくイメージが悪い、という印象をお持ちの方も多いでしょう。

実際には、化粧品では「天然由来」「植物由来」「自然派」などの表現に**明確な定義はありません**。植物由来エキスを少しでも配合してあれば、植物由来化粧品と謳っている会社もあります。

何も手を加えていない状態が「天然」

実は、化粧品の成分は、**どんなものでも天然由来**です。

石油も植物も動物も〝天然〟であり、基本的に化粧品成分は石油由来成分、植物由来成分、動物由来成分のいずれかですので、どんな化粧品でも「天然由来」と表現できるのです。

そもそも化粧品における「天然」「合成」とは何を指すのでしょうか。ここで確認しておきましょう。

◇天然とは？

天然の植物や鉱物から抽出した成分のまま「何も手を加えていない状態」のものを天然といいます。

◇合成とは？

天然成分が劣化しないように、水素添加などをして劣化を防いだり、植物由来成分などに含まれている不純物を取り除いたりしたものを合成といいます。

つまり、天然成分の**安全性、安定性を高めたものが合成**だったのですね！　合成成分に対してのイメージが良くなったのではないでしょうか？

言葉のイメージに踊らされない

もちろん、「天然・自然派」化粧品を否定したり、「合成・鉱物由来」化粧品を推奨したいわけでもありません。ただ、言葉のイメージに操られて本質を見失っていただきたくないのです。

化粧品選びで大切なこと

化粧品の持つ華やかさはかけがえのないもの

化粧品には華やかなイメージがあります。キレイになれるかもしれないという期待感をもたらし、キレイになることで自分の可能性が花開く、光り輝く未来をも想像させてくれます。

そのような想いを抱きながら化粧品を使うことで、**化粧品の効果をより一層高めてくれる**こともあるでしょう。

化粧品の持つ華やかさや期待感は、女性にとってはかけがえのないものです。化粧品選びでは、イマジネーションを刺激してくれるイメージが何よりも大切であると言えるでしょう。

point!

化粧品を選ぶとき、イメージ、正しい情報、どちらも外せない！

- 化粧品が与えてくれる夢、期待感はなくてはならないもの
- 一方、「全成分表示」はしっかりとチェック！

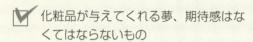

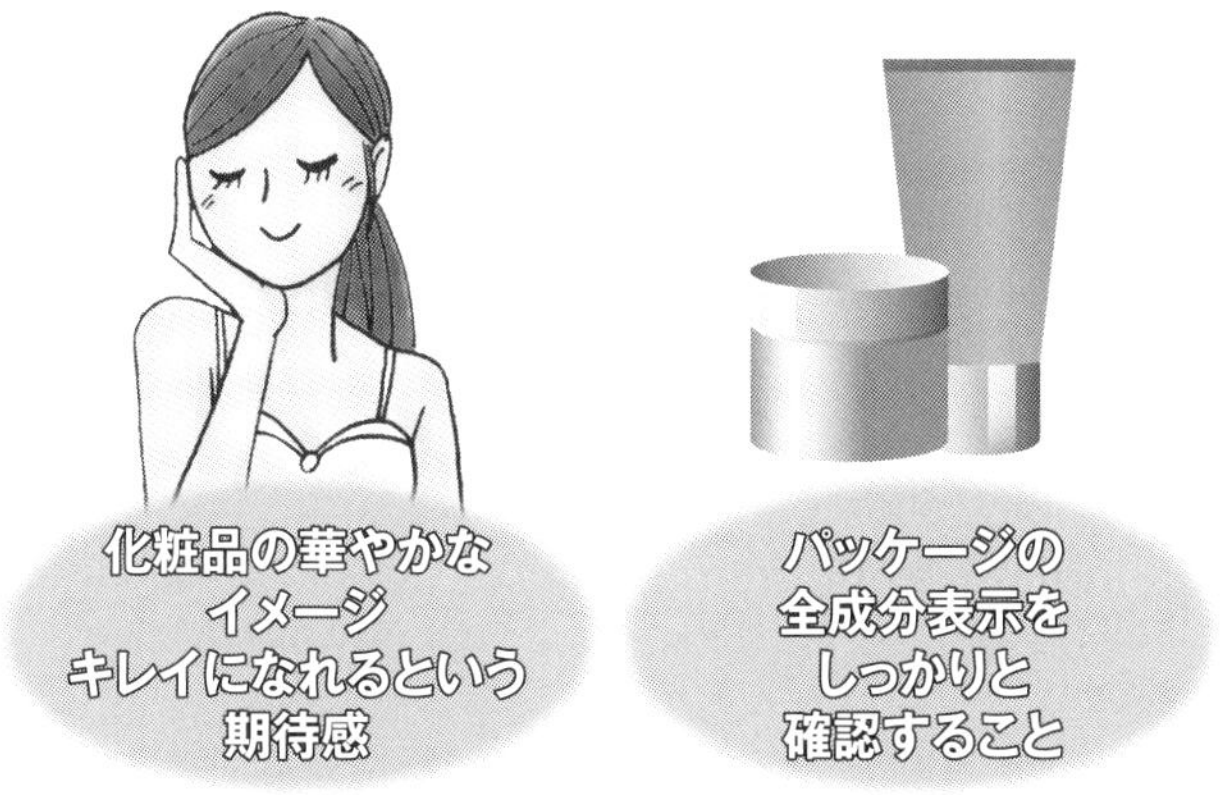

化粧品選びでは、どちらも大切！

「全成分表示」を確認する習慣も必要

しかし一方、化粧品がもたらす光り輝く未来を**現実にするため**には、パッケージの裏の「全成分表示」を確認することも忘れないでいただきたいのです。

自分に必要な成分が配合されているか？

逆に合わない成分は含まれていないか？

キャッチコピーどおりの成分が本当に入っているのか？

キャッチコピーで強調されているように、自分のお肌に合わない成分は本当に含まれていないか？

化粧品選びで失敗しないために、ぜひとも**真実を伝える「全成分表示」を確認する習慣**を身につけてください。

Column

基礎化粧品は“皮脂コントロール力”で選ぶ！

皮脂は化粧崩れを起こし、ニキビの原因となる「悪役」のイメージがありますが、実はきちんとコントロールすれば、お肌にとって心強い味方になってくれる存在です。

人間のお肌を覆う皮脂膜には「天然の保湿クリーム」と「皮膚のバリア機能」という２つの役割があります。

しかし化粧品を使う際には、皮膚のバリア機能は少々邪魔な存在になります。有効成分を含んだ基礎化粧品をつけても、**皮脂膜のバリア機能でブロック**されてしまうのです。

そこで、基礎化粧品に必要になるのが「皮脂コントロール力」です。基礎化粧品は水性成分、油性成分、界面活性剤というベース成分（商品によっては 90%以上を占める）に、機能性成分や安定化成分などを配合して作られます。油性成分を選ぶ際には、なるべく皮脂に近い成分を配合することで**皮脂膜とのなじみを良くする**ことが可能です。

そして、水と油を混ぜる「乳化」や「湿潤」という働きがある界面活性剤をうまく使えば、化粧水などの水性成分が多い化粧品と皮脂を「乳化」させたり、「湿潤」の働きで**皮脂となじませて、化粧品を浸透させる**ことができます。

基礎化粧品を選ぶ際には、皮脂の特性をしっかりと理解して「皮脂コントロール」ができるものを選びましょう。

第4章

美容ケア製品をどう選ぶか
—サプリメント編

サプリメントは日常の食事では不足しがちな栄養素を補うという脇役のような位置づけです。

また、あくまでも食品としての扱いになりますので、すぐに結果に結びつくことは少ないかもしれません。

そのため、本当に自分に合ったサプリメントなのかを確認するのに時間がかかることもありますし、ひょっとすると自分に合っていない、必要ではないサプリメントを長期間購入しつづけている可能性もあります。

せっかくサプリメントを購入するのであれば、自分に合ったものを選びたいですよね！

この章ではサプリメントを選ぶ際のコツや、栄養素の役割、飲むタイミングなどをご紹介させていただきます。皆さんが本当に必要なサプリメントに出会い、少しでも早く結果を実感いただけるようお役に立てればと思っております。

広告だけではサプリメントを判断できない！

point!

広告から受けたイメージと
実際の効果は結びつかない場合が多い！

- 消費者がサプリメントを選ぶポイントは機能性や成分の配合量！
- しかし、機能性や配合量は広告だけで判断するのはNG！

消費者は何を基準にサプリメントを選んでいるか？

少し古いデータになりますが、2012年に消費者委員会が実施した「消費者の『健康食品』の利用に関する実態調査（アンケート調査）」によると、サプリメントを購入する際に最も重視するポイントとして「機能性（効果・効能）」と回答した人は63％、「含有成分名・含有成分量」と答えた人は61％で、以下「原材料名」（55％）という結果でした。

ところがサプリメントは食品という位置づけになるため、「トクホ」のような例外を除き機能性（効果・効能）を明記することはできません。では、消費者はどのように機能性の有無を判断しているのでしょうか？

広告や口コミで判断している人が多い！

実は多くの消費者は、**機能性の有無を広告や口コミから受ける情報**によって判断しています。

先のアンケート結果によると、およそ24％の人が利用実績をＰＲする広告を参考にしています。さらに性別や年齢、症状などは十人十色なので、必ずしも自分にもその効果が当てはまるとは限らないにも関わらず、広告同様に個人の体験談や口コミなどを参考にする人も多くいます。

結局、効果は気にするけれど、広告などで謳われている効果が正しいものなのかどうかは、**きちんと理解できていない人が多いのが実状です。**

お金を無駄にしないため正しい知識を

テレビや雑誌の広告には「飲むだけですぐに痩せられる」「有効成分を＊＊ミリグラムも配合！」と、サプリメントの効用を大々的にアピールする映像や文字があふれています。しかし、その広告を信じて購入したものの、イメージしていたような効果が得られなかったという声も、残念ながら多いのです。

せっかく高いお金を払ってサプリメントを購入しても効果が出なかったら、**無駄なお金**になってしまいます。そうならないためにも、サプリメントの販売者だけではなく消費者にも、**サプリメントの正しい知識**を身につけてほしいと思っています。

商品名（名称）だけでサプリメントを選ぶのは危険！

サプリメントの成分表示にはルールがあります！

サプリメントを購入する時には、パッケージに記載されている商品名や、広告に書かれている成分名を参考にすることが多いと思います。たとえば商品名に「プラセンタ」と書かれていれば、プラセンタがメイン成分のサプリメントだと思いますし、広告に「コラーゲン」と大きく書かれていれば、コラーゲンがメイン成分のサプリメントだと思うのは当然のことです。

しかし、残念ながら実際には**商品名とメイン成分が違うサプリメントも存在**します。せっかくお金を払ってサプリメントを購入しても、必要としている成分がメインではない物ではもったいないと思いませんか？

point!

商品名（名称）＝メインの配合成分ではない場合がある！

- 原材料名の最初に記載されている成分は要チェック！
- 原材料名の最初に記載されている成分と商品名（名称）が違う場合は要注意！

食品表示法により表示することが決められている項目

(1)　名称
(2)　原材料名　← **最初の成分**
(3)　内容量
(4)　賞味期限
(5)　保存方法
(6)　製造業者等の氏名又は名称及び住所

例）

メイン成分○	**メイン成分×**
名称：プラセンタエキス含有食品 原材料名：プラセンタエキス、グリシン、……	名称：プラセンタエキス含有食品 原材料名：オリーブ油、プラセンタエキス、……

原材料表示の記載順に注目！

商品名があてにならないのなら、どのように自分に必要なサプリメントを見分ければいいのか。実はその秘密は、商品の**箱の裏に書かれた「原材料名」**にあります。

第1章でも書きましたが、原材料名は**配合量の多い順番に記載する**義務があります（食品添加物は別に記載）。商品名や広告で大きくアピールされている成分名が**原材料名の最初**に書かれていれば、その製品のメイン成分は商品名や広告の通りだと思って間違いありません。

通販などで購入する際にも、必ず原材料名の順番を確認した上で購入することをおすすめします。

成分表示の〝ウソ〟を見抜く目を持ちましょう！

point!

含有量は基準が曖昧だということを知っておこう

- 該当する成分がどれだけ配合されているのか見抜く目を持て！
- 含有量の〝ウソ〟を見抜くためには栄養成分表示をチェック！

配合量だけでは〝質〟まで見抜けない

サプリメントの広告などで「プラセンタ〇〇〇ミリグラム配合」など、配合量の多さをアピールしているものをよく見かけますが、実は配合量だけでは〝質〟まで見抜けません。例えば99％が水でプラセンタは1％原料のものも、100％プラセンタ原料のものも、どちらも「プラセンタエキス配合」と謳えます。しかし1％配合と100％配合では当然効果に大きな差が出ます。

では表示のカラクリを見抜くには？　その鍵は**箱裏の栄養成分表示**にあります。栄養成分表示は法律で義務付けられており、これを正しく理解できれば、サプリメントの〝ウソ〟を見抜けるようになるのです。

栄養成分表示を知れば虚偽表示が見抜ける

３大栄養素であるタンパク質、脂質、炭水化物は、タンパク質１g＝４kcal、脂質１g＝９kcal、炭水化物１g＝４kcalというように、１グラムが何キロカロリーに相当するかが決まっています。

そして、多くのサプリメント成分は、この**３大栄養素のいずれかに分類されたり、３大栄養素が含まれている**ことが多いです。

これがウソを見抜くための鍵になります。

栄養成分表示の例

栄養成分表示 （1粒250mg当たり）	
エネルギー	0.5kcal
タンパク質	0.01g
脂質	0.01g
炭水化物	0.09g
食塩相当量	0.0001g

カロリー表示で含有量のウソがわかる！

例えばコラーゲンの場合は、タンパク質に分類されるため、仮にパッケージの表面に「コラーゲン５００ミリグラム配合！」と書かれていれば、栄養成分表示にはタンパク質は最低限０・５gと表示され、２キロカロリーになります。

それなのに、成分表のカロリー表示が１キロカロリーと表示されている場合には、コラーゲンの含有量が疑わしいということになります。

これはあくまで目安ですが、**製品を見分けるための一つの指針**になりますので、覚えておくといいでしょう。

サプリメント選びで大切なのは栄養素を知ること

point!

サプリメントは食事で不足しがちな栄養素を補うもの

- 3大栄養素とは「糖質・脂質・タンパク質（アミノ酸）」！
- 3大栄養素はバランスが大切！

3大栄養素の働きとは？

サプリメントは**食事では不足しがちな栄養素を補う**ものなので、まずは人間に必要な栄養素である、**糖質、脂質、タンパク質の3大栄養素**について知りましょう。

糖質はエネルギー源としての働きが中心ですが、必要以上に摂取し消費しきれないと中性脂肪に形を変えて体に蓄積されるので、**過剰な摂取は注意**が必要です。

脂質は細胞膜やホルモンなどの材料となるほか、貯蔵用のエネルギー源にもなります。

タンパク質（アミノ酸）は皮膚や筋肉、各種臓器、免疫など体を構成する大部分の材料になる働きと、飢餓状態の時にはエネルギー源にもなります。

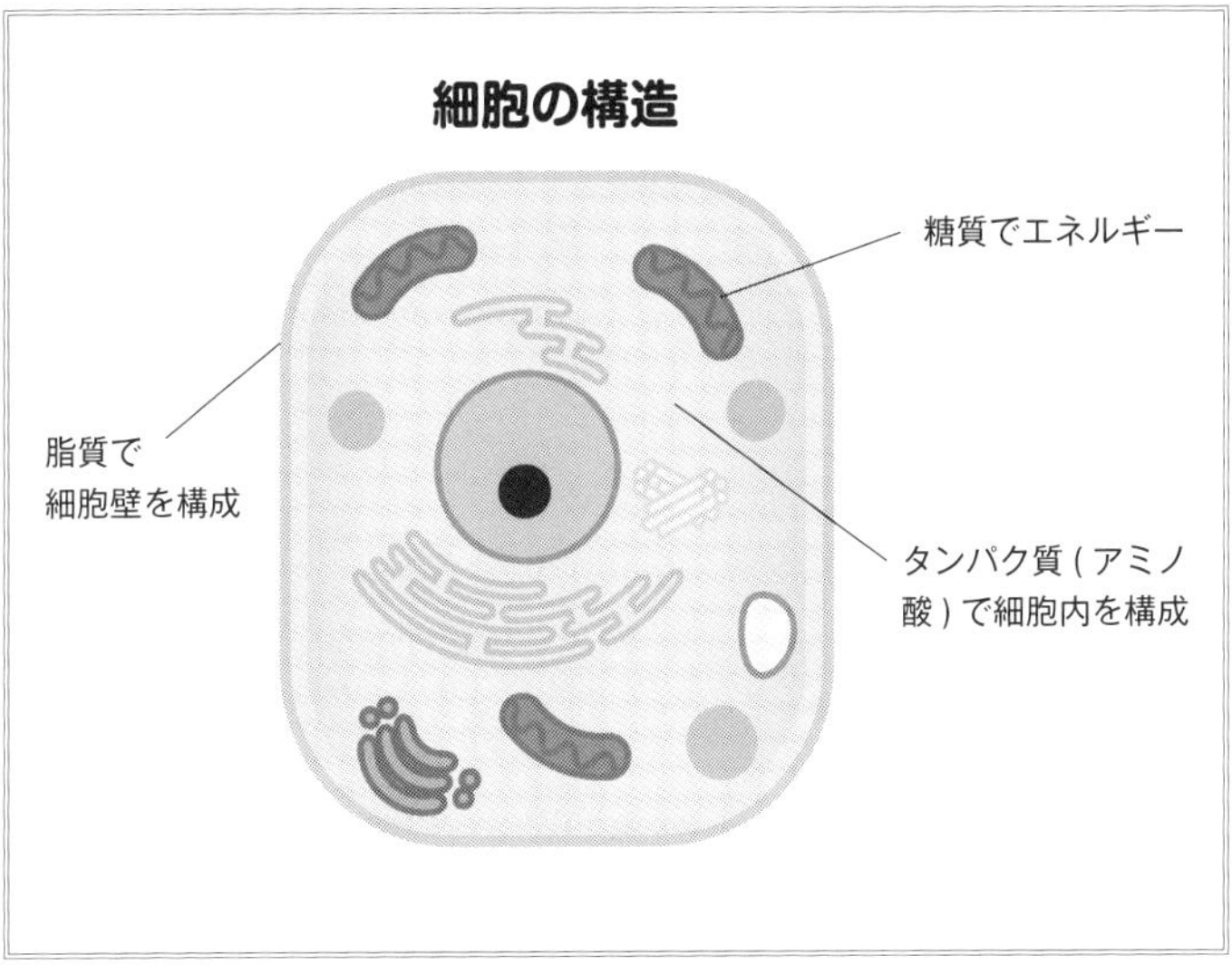

3大栄養素はバランスよく摂取しよう！

人間の体は60兆個の細胞で構成されています。その**細胞の材料になるのが、タンパク質と脂質**で、細胞内のミトコンドリアで**エネルギーをつくる中心になるのが糖質**です。3大栄養素のどれか一つでも不足してしまうと、細胞の新陳代謝が滞ってしまうので、健康のためにも美肌を保つためにも、3大栄養素は**バランス**よくしっかりと摂取しましょう。

脂質は脂肪をイメージさせるためか摂取を嫌がる人もいますが、摂取しすぎても体内での合成量が減るだけで、脂質が過剰になることはないことがわかってきたので、積極的に摂取してください。

5大栄養素ってなに？ 7大栄養素とは？

point!

最低限知っておくべき栄養素！

- ☑ 3大栄養素にビタミンとミネラルが加わって5大栄養素！
- ☑ 5大栄養素に食物繊維とファイトケミカルが加わったものが7大栄養素！

3大栄養素だけでは健康を維持できない!?

3大栄養素は体を動かすエネルギー源や体を構成する材料になりますが、それだけでは健康な生活をおくることはできません。そこで、血管や皮膚等の健康を保ち、ほかの栄養素の吸収や代謝を助ける働きのあるビタミン（13種類）と、体の機能を正常に保ったり、骨や血液の材料となるミネラル（17種類）を加えたものを「5大栄養素」と呼び、摂取が推奨されています。

そして5大栄養素に生活習慣病の予防や便秘改善、糖の吸収を緩やかにしてくれる働きがある食物繊維と、体内の酸化を防ぐファイトケミカルを加えたものが「7大栄養素」になります。

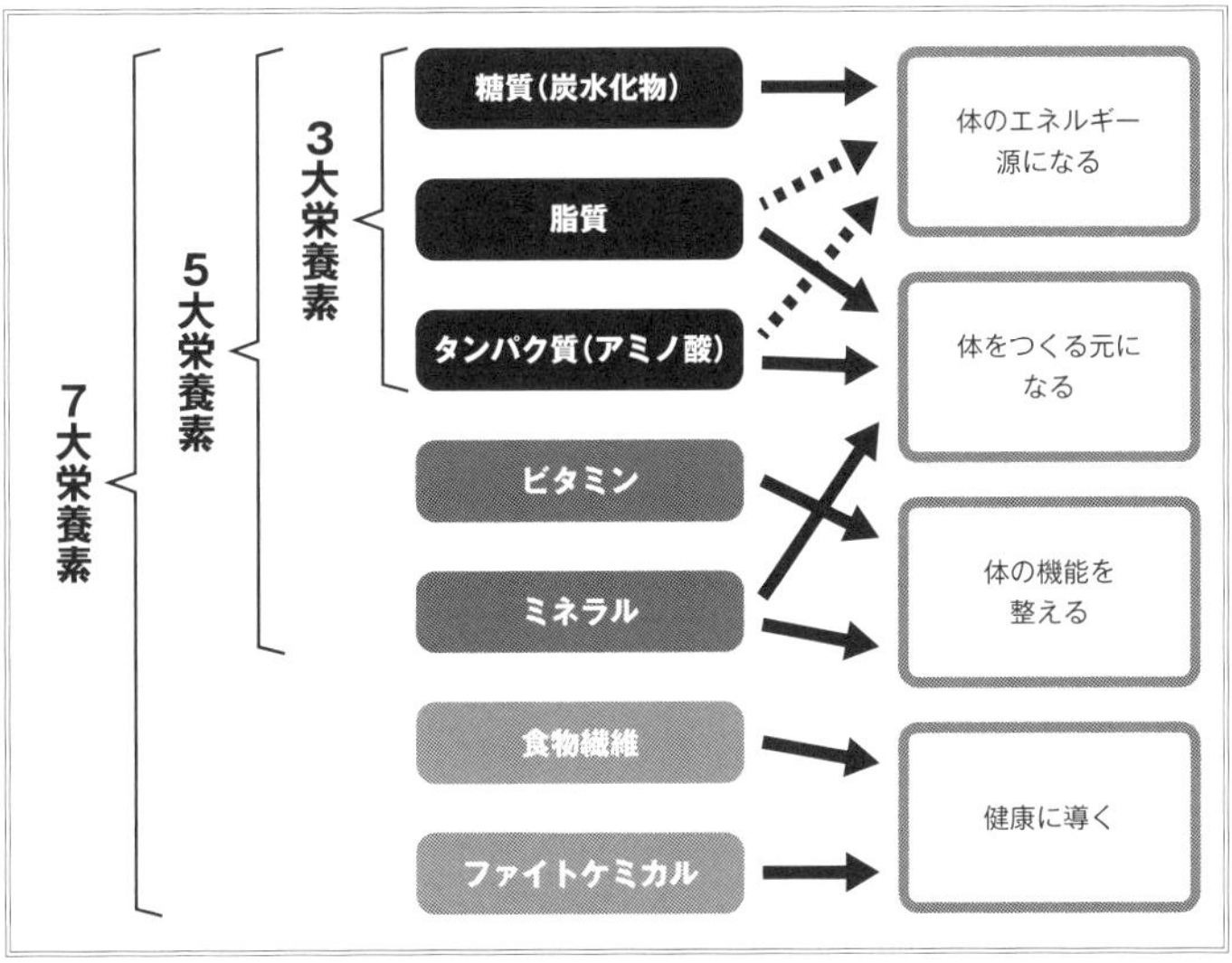

現代人は栄養不足になりがち！

農薬の使用や化学肥料による土壌ミネラルの減少で、野菜や果物などの農作物に含まれる栄養素は昔に比べると減少傾向にあり、さらにストレスなどでせっかく食事から得た大切な栄養素が余分に消費されがちです。そのため**カロリーは足りているのに、必要な栄養素が不足している**というケースが増えています。

7大栄養素は、**体を健康にするだけではなく、美肌など美容のためにも必要な栄養素**です。そのため毎日のバランスの良い食事に加え、サプリメントも活用して、不足しがちな7大栄養素をしっかりと摂取することをおすすめします。

サプリメントの飲み方を明確にしておきましょう

point!

本当に自分に必要なサプリメントだけを購入しよう！

- ☑ サプリメントは特定の栄養素を凝縮したもの
- ☑ 栄養素は飲み合わせが大切

飲み方次第で効果を発揮したり、しなかったり

サプリメントの広告やキャッチコピーなどで「早くキレイになれる」「すぐに痩せられる」など効果をイメージさせるものがたくさんありますが、実際に利用してみたものの想像した通りの効果が得られなかったという経験をされた方は少なくないはずです。

実は、**栄養素は「摂取する量」「摂取するタイミング」「飲み合わせ」などによって、効果を発揮できたり、反対に効果を発揮できなかったり、ひどい場合には健康被害を招いてしまう**こともあります。

せっかくサプリメントを購入したのであれば、イメージ通りの効果を得たいですよね！

良い飲み合わせ(例)

糖質	ビタミンB1	糖質を早くエネルギーに変えてくれる
	食物繊維	糖質の吸収を緩やかにしてくれる
脂質	ビタミンC	脂質の酸化を防いでくれる
	ビタミンE	脂質の吸収効率を高めてくれる
タンパク質	ビタミンB6	アミノ酸代謝を高めて美肌効果も
	ビタミンB2	タンパク質の代謝を高めて肌荒れ予防
ビタミンA	ビタミンE	ビタミンAとの相乗効果で抗酸化力を高める
	脂質	ビタミンAの吸収効率を高める
ビタミンB1	ナイアシン	疲労物質の蓄積を抑制
	アリシン	疲労回復
ビタミンB6	タンパク質	新陳代謝の促進
	ビタミンB2	ビタミンB6との相乗効果で脂肪の蓄積を防ぐ
ビタミンC	タンパク質	コラーゲン産生で美肌効果も
	鉄	鉄の吸収を高め貧血予防
カルシウム	クエン酸	ミネラルを吸収しやすい状態にする
	ビタミンD	カルシウムの利用効率を高める
マグネシウム	ビタミンC	抗ストレス作用
	カルシウム	相乗効果で骨を強くしてくれる
亜鉛	タンパク質	新陳代謝の促進
	ビタミンC	タンパク質の代謝を高めて美肌効果も
食物繊維	乳酸菌	相乗効果で腸内環境の改善

飲み合わせに注意が必要な栄養素(例)

カルシウムと鉄	同時に摂取するとそれぞれ吸収しづらくなる
食物繊維と亜鉛	食物繊維が亜鉛にくっつき亜鉛の排出を促す
DHAとキトサン	同時に摂取するとDHAの栄養素が吸収しづらい

「飲み合わせ」で栄養素の効率を高める

このページでは、特に栄養素の「飲み合わせ」に関して理解を深めていただければと思います。

飲み合わせをしっかりと理解することで、**食事で摂取した栄養素の効率を高めたり、サプリメントで得られる栄養素の効率を高めたりといった相乗効果**を見込むことができるからです。

複数の種類のサプリメントを飲んでいる方には、同時に飲まない方が良い組み合わせ、同時に飲んだ方が良い組み合わせを知っていただくことで、さらに効果的・効率的にサプリメントをご利用いただくことができるはずです。

栄養素は不足してもダメ！ 取り過ぎてもダメ！

point!

栄養素はやみくもに
摂ればいいというわけではない！

- 栄養素の種類によっては過剰摂取で健康被害の可能性もある！
- サプリメントを利用するなら健康につながる飲み方で！

栄養過剰は健康被害を招く！

栄養素は、バランスよく摂取することがとても大切で、**不足すると欠乏症に、摂り過ぎると過剰性**になり、いずれも健康被害を招くことがあります。

サプリメントの場合、**特定の栄養素を高濃度で配合**しているものが多いので、過剰摂取にも気をつける必要があります。

健康になりたくて、キレイになりたくてせっかくお金を払ってサプリメントを購入しても、健康被害を起こしてしまうなんて本末転倒！　だから自分が飲んでいるサプリメントに含まれている栄養素の「許容上限量」をしっかりと把握しておきましょう。

栄養素の過剰摂取で引き起こされる症状（例）

糖質（炭水化物）・・・肥満、糖化など
ビタミンA・・・頭痛、吐き気、皮膚の痒み、胎児への危険性
ビタミンD・・・血管がもろくなる可能性
ビタミンE・・・骨粗しょう症の恐れ
ビタミンB6・・・体のしびれ
ナイアシン・・・皮膚の痒みや赤み
リン・・・骨がもろくなる、血管壁にカルシウムが沈殿
亜鉛・・・急性中毒
ヨウ素・・・甲状腺機能低下
セレン・・・爪の変形
食物繊維・・・下痢、ミネラル不足

成人男女の食事摂取基準（1日あたり）

栄養素（単位）		必要摂取量	耐容上限量
炭水化物（%）		50以上70未満	—
たんぱく質（g）		男60、女50	—
脂質（%）		20以上25未満	—
ビタミン	ビタミンA（μgRE）	男850、女700	2700
	ビタミンD（μg）	5.5	50
	ビタミンE（mg）	男7.0、女6.5	男900、女700
	ナイアシン（mgNE）	男15、女12	男350、女250
	ビタミンB6（mg）	男1.4、女1.1	男60、女45
	葉酸（μg）	240	1400
ミネラル	カルシウム（mg）	650	2300
	リン（mg）	男1000、女900	3000
	鉄（mg）	男7.5、女：月経あり11.0/月経なし6.5	男55、女40
	亜鉛（mg）	男12、女9	男45、女35
	銅（mg）	男0.9、女0.7	10
	マンガン（mg）	男4.0、女3.5	11
	ヨウ素（μg）	130	2200
	セレン（μg）	男30、女25	男300、女230
	モリブデン（μg）	男30、女25	男600、女500

＊許容上限量――摂取量の上限。この数値以上を摂取すると健康被害が発生するリスクが高まるが、越えなければ心配はほぼないとされる。

美肌のために必要な栄養素を知っていますか？

point!

食事内容をきちんと見直して
足りない栄養素はサプリで補給！

- ☑ タンパク質、脂質、ビタミン、ミネラル、ファイトケミカルは美肌にとって重要な栄養素！
- ☑ 美肌のためには「脂質」が重要！しっかりと摂取を！

美肌を保つために必要な栄養素とは？

さて、ここからは具体的に美容のために必要な栄養素についてご説明していきたいと思いますが、まずは見た目年齢にもっとも大きな影響を与える、「肌」をキレイにしてくれる栄養素を挙げていきましょう。

●タンパク質・脂質

表皮は、基底層で新しく細胞が作られて有棘層、顆粒層、角質層になり、最後には剥がれ落ちるという新陳代謝（ターンオーバー）を繰り返しています。

そして**新しい細胞の材料になるのが、タンパク質と脂質**で、不足すると表皮のターンオーバーがうまくいかず、あらゆる肌トラブルの原因になります。

お肌にはこんな栄養素も欠かせない！

●ビタミン

ビタミンには、細胞に酸素や栄養素を運んでくれる血管を丈夫にしたり、肌にハリや潤いをもたらしてくれる作用があります。

●ミネラル

ミネラルには血管を丈夫にしたり、貧血を防いでくれるなどの働きがあります。体内で合成できない栄養素なので、食事やサプリメントでしっかり補ってください。

●ファイトケミカル

ファイトケミカルは、肌トラブルの原因の80％を占めるともいわれる「活性酸素」による酸化を防いでくれます。

脂質はたっぷりと！　糖質は控えめに！

美肌を保つためには、「7大栄養素」のうち、糖質と食物繊維を除いたタンパク質、脂質、ビタミン、ミネラル、ファイトケミカルが大切です。なかでも脂質は、他の章でも触れましたが、細胞壁の材料になったり、お肌をキレイにしてくれるホルモンの材料にもなります。

そして脂質は、摂り過ぎても肝臓での合成量が減るだけで過剰性の心配も少ないので、制限せずに、ぜひとも**積極的に摂取してほしい栄養素**の一つです。

逆に糖質の過剰摂取は肥満を招くだけではなく、老化の元凶である「糖化」も引き起こすので、できるだけ控えめに！

サプリメントの効果は価格だけでは判断できません！

point!

サプリメントの販売価格は有効成分だけで決まるわけではない！

- サプリメントの販売価格には、流通形態や加工法など複雑な要素が絡んでいる！
- 継続して購入できる、おサイフに無理のない価格の製品を選ぼう！

サプリメントの値段はこうして決まる！

サプリメントには高額なものもあれば、お手頃価格のものもありますが、**金額が高ければ効果があり、安ければ効果が薄いというわけではありません。**

ここではサプリメントの販売価格のカラクリについてご説明します。販売価格が決まる仕組みをきちんと知り、適正な金額でサプリメントを購入するようにしてください。

●価格のカラクリその1　流通コスト

サプリメントを販売する際に、何段階も流通を通せばその分値段は高くなりますし、流通経路が短ければ、当然コストは抑えられ、それが値段に反映します。

パッケージだけではわからないことも！

●価格のカラクリその2　製造数

数を絞って製造すればコストは高くなり、大量生産すればコストを低く抑えることができます。

●価格のカラクリその3　有効成分

当然ながら、有効成分が高濃度で、しかも含有量が多く含まれていれば金額は高くなり、その逆もまたしかりです。極端に低価格の製品は、原材料名、栄養成分表示でチェックしてみましょう。

●価格のカラクリその4　抽出法

原料からエキスを抽出する工程においてもさまざまな方法があり、有効性や安全性を高めれば、金額に反映されます。

値段と効き目のバランスで選ぼう！

●価格のカラクリその5　加工法

企業秘密の場合もあり、消費者がなかなか知ることができないのが加工法です。

タンパク質や脂溶性ビタミン、一部のミネラル類などは、高分子化の状態で摂取しても小腸での吸収率が低いため、低分子化やミセル化（乳化）を施すことで吸収率を安全に高める加工をしているものがあり、こうした手間をかければ当然価格に反映します。

サプリメントの利用はできる限り継続することが望ましく、そのため購入に際しては、**信頼できる会社から購入する**ことをおすすめします。

サプリ成分の多くは7大栄養素のいずれかに分類される！

point!

利用中のサプリの成分が７大栄養素のどこに分類されているかを知ろう！

- 成分名だけで商品を選ぶのはNG！
- 実は自分には必要のないサプリメントにお金を払っている場合がある！

同じ分類の栄養素ばかり摂取するのは無駄

サプリメントを選ぶ際には、商品名や成分名を参考にされることが多いと思います。例えば、関節痛の人はグルコサミンとか、お肌をプルプルにしたい人はコラーゲン、動脈硬化を予防したい人はEPAなどです。

実は、ご自身が飲まれているサプリメントの成分は**7大栄養素のどれかに当てはまる、または7大栄養素のいずれかが含まれている**場合があります（ちなみにグルコサミンやコラーゲンはタンパク質［アミノ酸］に、EPAは脂質に分類されますので、食事から摂取することも可能です）。

せっかく高いお金を払ってサプリメントを購入して

も、特定の栄養素を食事から十分に摂取できていたり、同じ分類の栄養素のサプリメントを既に購入していたりしたとしたら、もったいないですよね！

ですから、ご自身が飲んでいるサプリメントが**7大栄養素のどの分類に当てはまるかを知る**ことはとても大切です。今はインターネットなどでも手軽に調べられますので一度確認してみましょう。同じ栄養素をだぶって摂取していることがわかれば、**無駄な出費を抑える**ことができるからです。

サプリメントによく使われる成分の分類（例）

成分名	分類	作用
コラーゲン	タンパク質	抗老化
アガリクス	タンパク質を多く含む	免疫力アップ
アスタキサンチン	ファイトケミカル	抗酸化
αリポ酸	ビタミン様物質	抗酸化
EPA	脂質	動脈硬化の予防
L-カルニチン	アミノ酸	ダイエット
GABA	アミノ酸	抗ストレス
グルコサミン	アミノ酸	関節痛低減
コエンザイムQ10	ビタミン様物質	老化防止
DHA	脂質	認知症予防
酵素	アミノ酸	新陳代謝促進
大豆イソフラボン	ファイトケミカル	更年期症状改善
タウリン	アミノ酸	強肝解毒
ユーグレナ	脂質、ビタミン、ミネラルを豊富に含む	栄養の偏りを防ぐ

栄養素の二重摂取に気をつけて！

point!

サプリメントの過剰摂取はお金の無駄遣い！

- 食事から摂取できている栄養素はサプリメント不要！
- 栄養素によっては過剰摂取が健康被害につながる！

サプリメントは食事の補完ということを忘れずに！

サプリメントは手軽に栄養素を摂取する手段としては非常に有効ですが、基本的には食事では摂取できない栄養素や不足しがちな栄養素を補うものという位置づけです。

ところがサプリメントが身近な存在になるにしたがって、食事から十分に必要な栄養素を摂取できているにもかかわらず、サプリメントを服用して**二重に栄養素を摂取してしまっている**方が最近目立ちます。

とくに健康意識や美意識に対して〝意識高い系〟の人、広告宣伝に弱い人、口コミに引っ張られる人などは注意が必要です。

日常の食生活とサプリメントに含まれている栄養素を確認してみよう

タンパク質	鳥むね肉、豚ヒレ肉、マグロ、かつお、納豆、卵など
脂質	牛バラ肉、豚バラ肉、チーズ、秋刀魚、サバ、オリーブ油など
糖質	白米、パン、麺、いも、果物、砂糖など
ビタミン	緑黄色野菜、果物、レバーなど
ミネラル	牛乳、乳製品、海藻、小魚など

サプリメントによる健康被害に注意！

栄養素の種類によっては、体内に蓄積されずにそのまま尿と一緒に排泄されるものもあるので、サプリメントにかかったお金が無駄遣いに終わってしまうだけならまだよいのですが、食事からの栄養素とサプリメントからの栄養素の**二重摂取によって過剰摂取**になり、健康被害を受けてしまうと最悪です。

そのため自分が日常的に**よく食べている食事内容とサプリメントに配合されている栄養素をしっかりと確認**して、二重摂取を防ぐ努力が必要です。そうすればお金の無駄遣いや過剰摂取による健康被害を防ぐことができるはずです。

サプリメントは飲むタイミングで効果が変わってくる！

point!

サプリメントの正しい飲み方を知ることは大切！

- 飲むタイミングは、食事前、食事中、食後、空腹時など！
- 各栄養素の特徴を知ることで、飲むタイミングがわかる！

サプリメントには服用方法の指示が明記できない

サプリメントは法律上食品に分類されるため、飲み方や飲むタイミングなどを明記することはできません。しかしサプリメントを栄養素としてみれば、やはり**飲み方や飲むタイミングにより効果は変わります。**ここではいくつかの具体的な例―ダイエットしたい方向けの例――をご紹介したいと思います。

●ビタミンB1

ビタミンB1は、糖質がエネルギーになる手助けをしてくれる栄養素です。そのため**食事前**に摂ることで糖質を早くエネルギーに変えてくれ、中性脂肪の蓄積を防げます。

飲むタイミングで効果に差が出る！

●ビタミンB2

ビタミンB2は脂質をエネルギーに変える働きがあります。そのため、脂質がエネルギーに変わりやすい**空腹時**に飲むのがおすすめです。

●食物繊維

食物繊維は食事中に小腸からの糖質吸収を緩やかにする働きがあるので、**食事中**の摂取をおすすめします。

このように飲むタイミングによって効果は変わり、タイミングを間違えると効果が出にくくなりますので、各栄養素の特徴をしっかり把握して、サプリメントの効果を最大限発揮できるようにしましょう。

やはり大切なパッケージ裏の情報

この章の最後に――

繰り返しになりますが、大切なことなのでここであらためて申し上げておきたいと思います。

サプリメントを購入する際には**パッケージの裏に記載されている内容をしっかりと確認**するようにしてください。

そうすれば、

・配合成分が適切か？
・配合成分はどの栄養素なのか？
・飲み合わせは？
・飲むタイミングは適切か？

などが判断できて、**間違いのないサプリメント選び**が可能になります。

Column

サプリメントを購入するときは JHFAマークをチェック！

ＪＨＦＡマークをご存知でしょうか？　サプリメント選びの目安になりますので、少しご紹介します。

市場にはさまざまなサプリメントが出ていますが、消費者は何を基準にしてサプリメントを選んでいるのでしょうか。

ブランド？　宣伝広告？　会社名？　有効成分？　仮にそのどれかで選んだとしても、商品の中の栄養成分や有効成分はきちんと表示通り含まれているのでしょうか？　また、商品の安全性は誰が保証してくれるのでしょうか？

それらの疑問や不信を取り除く為に、昭和60年に当時の厚生省が設置を認めた公益財団法人日本健康栄養食品協会がサプリメントの規格基準の設定とその基準に係る認定制度を開始しました。

成分の規格のみならず一般細菌や大腸菌なども分析し、表示内容についても医学、栄養学の専門家から構成する「健康食品認定審査会」で審査を行ってＪＨＦＡマークの表示が認可されます。

ＪＨＦＡマークは安心、安全のマークといえますので、サプリメントを選ぶ際には一つの目安にしてみてください。

（マークの画像は143ページ参照）

第5章 美容界に革命を起こす「プラセンタ」とは？

プラセンタとの出合いに救われた私

半袖、半ズボンの季節が嫌いだった幼少期

私は、乳児の頃からアトピー性皮膚炎に苦しめられてきました。幸いなことに幼少期にはそれほど重篤な症状ではなかったのですが、いつも全身に痒みがあり、夜、眠れないこともありましたから、子ども心にとても辛かったことを今でもよく覚えています。

小学校に入る頃になると、外見が気になりだしますし、自分の姿を人と比べるようにもなります。私の場合、症状がひどく出ていたのが腕や膝の関節部分だったので、半ズボンや半袖を着なければいけないシーズンがとにかく嫌でした。病院に通って、医師の指示を守って薬も塗っていましたが、残念ながら症状が好転することはありませんでした。

社会人になりストレスから症状が悪化

中学生になると、症状が好転するどころかむしろ悪化していきました。中学生の時、私は野球部に入ったのですが、入部した理由の一つも、野球のユニフォームが長ズボンで、肌を露出しなくていいからというものでした。

ただ、成長していくに従って体力もついてきたからか、高校、大学時代は

だいぶ症状も落ち着いていきました。

ところが社会人になり、肉体的にも精神的にもハードな日々が続くようになると、再びアトピー性皮膚炎の症状がぶり返しました。一番症状がひどかったのは20代後半の頃だったでしょうか。この頃は全身に症状が出て顔も真っ赤になり、スーツを着ていてもアトピー性皮膚炎であることがわかるほどでした。もちろん、病院にも通院していましたが症状はまったく好転せず、雑誌の広告などで〝アトピー性皮膚炎に効く〟と謳われている怪しげなクリームを全身に塗ったりもしていました。

プラセンタ治療で症状が劇的に改善

アトピーを治したい一心で、私は皮膚科を転々としました。そんな中で出会った一人の医師が「一度使ってみたらどうか?」とすすめてくださったのが「プラセンタ」でした。

その頃の私はプラセンタに関する知識はまったくなかったのですが、まさに藁にもすがる思いでプラセンタによる治療に取り組んでみることにしました。

最初は1週間に1回、プラセンタ注射を打つという治療を実践したのですが、1ヶ月ほど経った頃からでしょうか、あれほどひどかった全身の痒みが少しずつ消え、人前に出たくないと思い悩むほどだった顔の赤みも徐々に消えていきました。そして何より嬉しかったのは、痒みに苦しめられることなく、朝までぐっすりと寝られるようになったことでした。その後、症状の改善とともに服薬を併用し、注射の回数は月に1~2回となり、プラセンタ治療を始めてから3ヶ月後には、気になる症状はほとんど改善されていました。

プラセンタを多くの人に知ってほしい！

まさに自分自身でプラセンタのすごさを実感した私は、どうせ仕事でセールスをするなら、自分が本当に人に紹介したいものを扱いたいとの思いから今の会社に転職しました。

プラセンタ療法にはまだまだ誤解が多く、治療に取り入れている医師も多いとは言い難い状況です。だからこそ、私はさまざまな症状に苦しんでいながらまだプラセンタ療法をご存じない方々を対象に、プラセンタを普及・啓蒙する活動に力を注いでまいりました。私が体験したような苦しい症状から一人でも多くの方が解放され、プラセンタによる治療の素晴らしさを実感していただければと思い、第5章ではプラセンタを取り上げます。

野球部時代の写真。左端の優勝旗を持っているのが私

プラセンタとは?

point!

胎盤という臓器から抽出したものがプラセンタエキス

- ☑ プラセンタは妊娠中に臨時につくられる奇跡の臓器
- ☑ プラセンタには人間にとって必要な成分がすべて含まれている！

胎児を育む大切な役割を担っている「胎盤」

近年、医療や美容の分野で注目されている**プラセンタとは「胎盤」**のことです。元々ラテン語で「ケーキ」を意味し、胎盤がホットケーキに似ていることから、こう呼ばれるようになりました。精子と卵子が運命の出会いによって受精卵になると、細胞分裂を繰り返し胎児とプラセンタに分かれます。プラセンタは胎児を育て、守るために臨時につくられる臓器で、母胎内で胎児とへその緒で繋がっています。

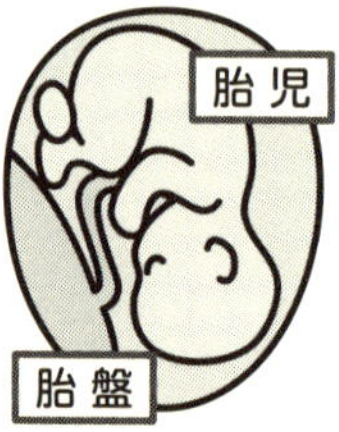

胎児の成長に必要なものは、全てプラセンタから送られることで胎児は成長できるのです。

胎盤から作られる「プラセンタエキス」

人は誰でもプラセンタのお世話になり、プラセンタのおかげで生まれてくることができるのです。無事出産を終え大切な役割を終えたプラセンタは、出産後に再び軽い陣痛が起きて子宮からはがれ落ち、いわゆる「後産」として体外に排出されます。

この**胎盤から必要な成分だけを抽出したものが「プラセンタエキス」**で、近年、医療や美容の分野で幅広く活用されています。

プラセンタは胎児を育てるという大切な役割を終えた後も、再び医薬品や注射薬、化粧品、健康食品に形を変え、健康や美容に貢献してくれるのですから、まさにプラセンタに感謝ですね！

プラセンタパワーの秘密とは

プラセンタの主な成分は、必須アミノ酸を含む10数種類のアミノ酸、ビタミン、ミネラルのほか、核酸、100種類近くの酵素、特定の細胞の増殖や分化を促進し、細胞の新陳代謝を促すスイッチのような働きをする「成長因子」などです。

プラセンタには、たった1個の細胞を立派な赤ちゃんに成長させるために必要な成分がすべて含まれています。

つまり、**プラセンタには人間が健康に生きるために必要なものがすべて含まれている**とも言え、これこそがプラセンタのパワーの凄さの秘密なのです。

プラセンタの役割は？

point!

胎児の成長に必要なことはすべてやってくれている

- 驚くほど速い胎児の成長スピード
- 0.1mm 以下の大きさの受精卵が約 1 年で約 3000g に成長できるのはプラセンタの力！

驚異的な細胞分裂のスピードを支えるプラセンタ

前項ではプラセンタが胎児の成長に対し必要不可欠だということをご説明しましたが、ここでは実際のプラセンタの働きについてご紹介したいと思います。

受精卵は、赤ちゃんになるまでにもの凄いスピードで成長していきます。元々は0・1ミリ以下の1個の受精卵が細胞分裂を繰り返し、およそ280日で成人と同じ60兆個の細胞にまでなり、体重約3000グラム、体長およそ40センチの赤ちゃんの大きさへと成長するわけです。

そして、このもの凄いスピードの**細胞分裂を支えているのがプラセンタ**なのです。

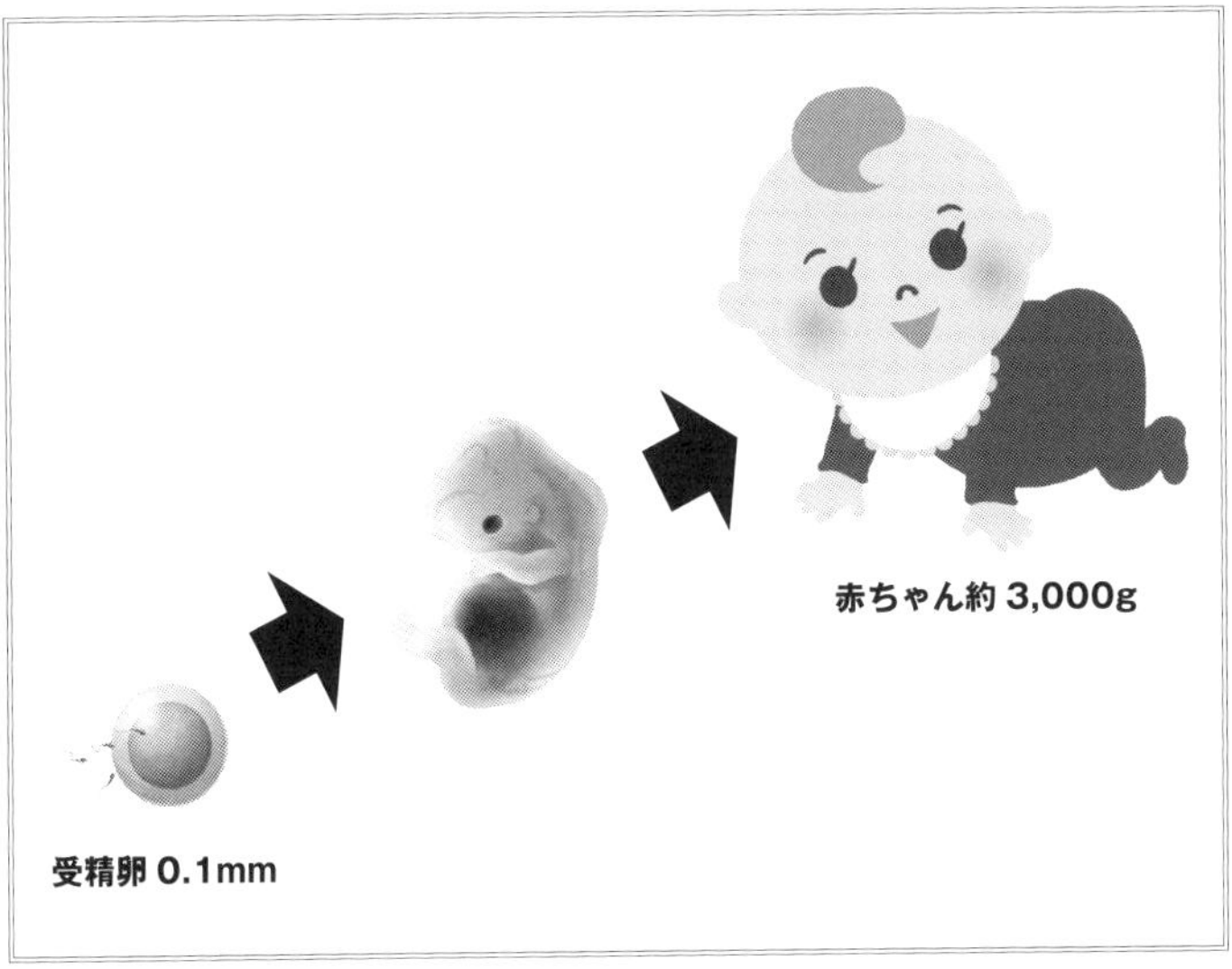

細胞分裂のコントロール作用もある！

このようにプラセンタの大きな特徴の一つに、**細胞分裂促進作用**があります。

プラセンタには細胞増殖因子（成長因子）というものが豊富に含まれており、この細胞増殖因子が細胞分裂のスイッチを押してくれることで、母胎内で胎児の細胞分裂が促進されます。

また、プラセンタには細胞分裂促進作用だけではなく、**細胞分裂をコントロールする作用**もあります。もの凄い細胞分裂のスピードの中で、胎児がしっかりとした人間の形になって産まれてくることができるのは、プラセンタが細胞分裂をコントロールしてくれているからです。

プラセンタは胎児にとってまさに「万能臓器」！

プラセンタは未熟な胎児の臓器の働きを助けている

ここまで、プラセンタの細胞分裂促進の力が、受精卵が赤ちゃんにまで成長するのを手助けしてくれていることについてお伝えしてきましたが、実はプラセンタの役割はそれだけにとどまりません。

胎児は、受精してすぐに成人の心臓や肺のような臓器を持つわけではありません。成長の過程の中で少しずつ必要な臓器が形成されていくわけですが、仮に各種臓器が完成しても、はじめはその働きが十分ではありません。

実はプラセンタには、**胎児の各種臓器の働きを手助けする働き**もあるのです。

point!

胎児を育てるために
プラセンタは大忙し！

- ☑ プラセンタの役割は１つではない！
- ☑ プラセンタは未熟な胎児の臓器の代行！

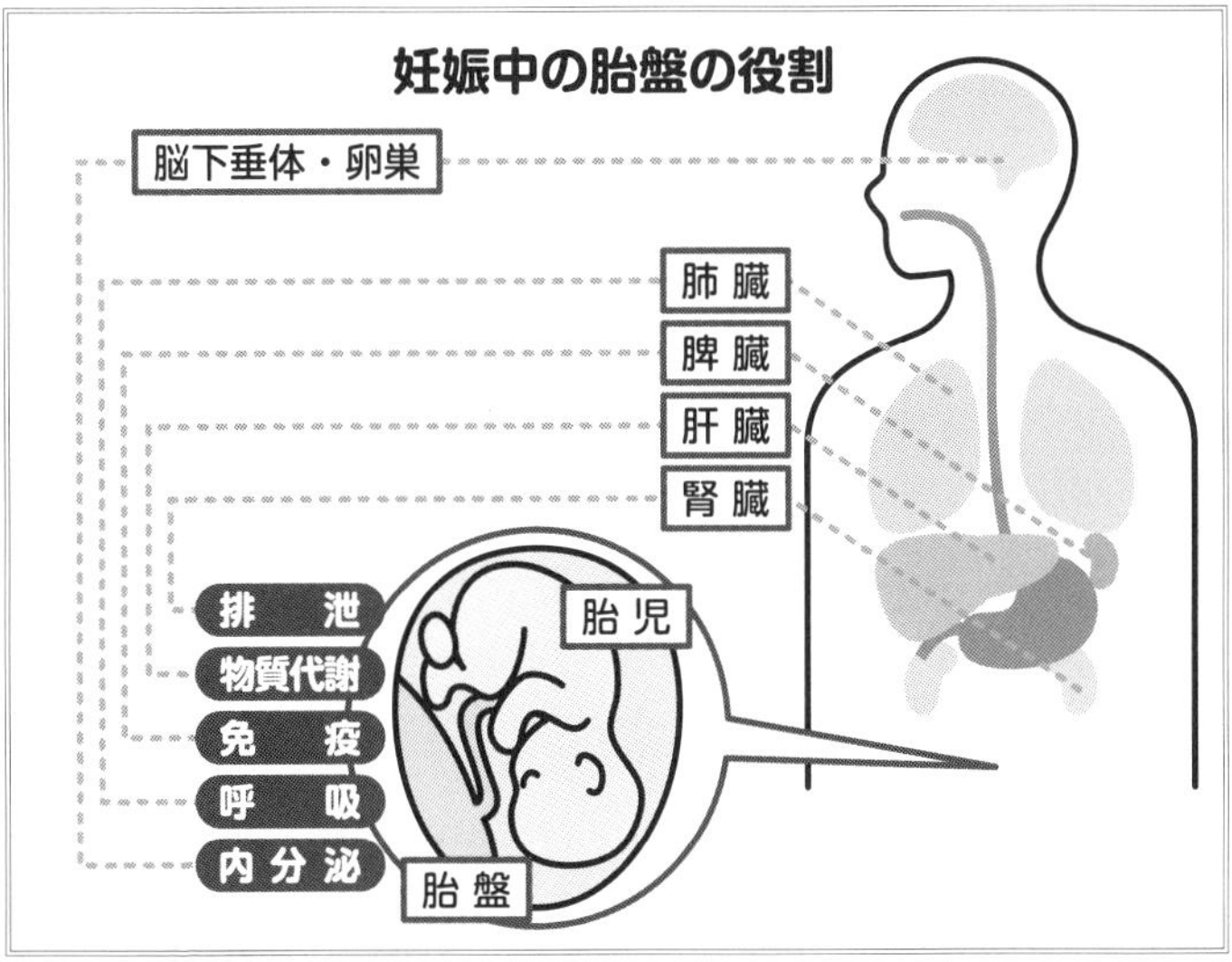

プラセンタが担う各種臓器の働きとは？

プラセンタが担っている働きは、以下のとおりです。

・代謝・解毒作用を行う肝臓の働き
・呼吸を行う肺の働き
・排泄を行う腎臓の働き
・内分泌を行う脳下垂体・卵巣の働き
・免疫系の脾臓の働き
・消化吸収を行う小腸の働き

プラセンタは胎児にとって、まさに万能臓器ともいえる働きをしていることがおわかりいただけると思います。

私たちは、プラセンタが忙しく働いてくれたおかげで、無事に産まれてくることができたということです。

プラセンタに含まれている細胞増殖因子とは？

point!

細胞増殖因子は
若返りのキーワード！

- 細胞増殖因子にはさまざまな種類がある！
- 人間の細胞は常に入れ替わっている！

プラセンタには多くの細胞増殖因子が含まれている

繰り返しになりますが、プラセンタがたった1つの受精卵を60兆個の細胞に分裂させて赤ちゃんへと育てていくことができるのは、プラセンタが持つ細胞分裂促進作用があるからです。

この細胞分裂促進作用で重要な役割を果たすのが、**細胞増殖因子**というものです。

細胞増殖因子が細胞分裂のスイッチをオンにしてくれることで、新しい細胞が作られます。そしてプラセンタには、さまざまな種類の細胞増殖因子が含まれていることが、これまでの長年のプラセンタに関する研究により、確認されています。

各種細胞増殖因子

肝細胞増殖因子	HGF	肝実質細胞をはじめ、諸機能の細胞の増殖
神経細胞増殖因子	NGF	神経細胞（知覚・交感神経節細胞）の増殖
上皮細胞増殖因子	EGF	皮膚、肺、角膜、気管上皮細胞の増殖
線維芽細胞増殖因子	FGF	ヒト線維芽細胞、グリア細胞、血管内皮細胞の増殖
インシュリン様成長因子	IGF	軟骨細胞、平滑筋細胞の増殖
形質転換増殖因子	TGF	非形質転換細胞を可逆的に形質転換細胞に転換（α・β・γ2）
免疫力を向上させる成長因子	コロニー形成刺激因子（CSF）	免疫担当細胞の顆粒球、マクロファージなどの幹細胞の増殖
	インターロイキン1（IL-1）	免疫担当細胞（T細胞・B細胞・NK細胞）、胸腺細胞の増殖、リンホカインの産生促進
	インターロイキン2（IL-2）	T細胞（ヘルパーT細胞・キラーT細胞・サプレッサーT細胞）の増殖
	インターロイキン3（IL-3）	造血幹細胞、肥満細胞の増殖
	インターロイキン4（IL-4）	B細胞の増殖、及び抗体産生細胞への分化促進

【最近の研究では細胞増殖因子の減少と老化の進行が相関関係にあるとも言われている】

細胞増殖因子の力で新陳代謝が正常に！

人間の体の中では、常に古い細胞から新しい細胞へと入れ替わり（代謝）が行われています。

代謝に要する期間は、皮膚なら約28日、筋肉・肝臓は約60日、心臓は約22日、胃や腸は約5日、骨は約90日です（数字は目安です）。

しかし、生活習慣やストレスなどによって新陳代謝の日数が伸びると、新しい細胞が産まれにくくなってしまい、それが肌トラブルや老化の原因ともなります。

美容や健康には、細胞の新陳代謝が大切です。新しい細胞を産み出す細胞増殖因子はまさに若返りのキーワードと言えます。

プラセンタに含まれている栄養素

point!

プラセンタには
栄養素もたっぷり！

- プラセンタには胎児に必要な栄養素は全て含まれている！
- プラセンタには人間に必要な５大栄養素も含まれている！

プラセンタには人間に必要な栄養素が詰まってる！

母胎内で胎児がもの凄いスピードで成長できるのは、細胞分裂促進作用だけのお陰ではなく、実はプラセンタからへその緒を通じて胎児にとって必要な栄養素がすべて送られているからです。

体を構成する元になる栄養素や、エネルギーを生み出す栄養素、体の機能を調整する栄養素などが送られることで、胎児は成長することができます。

プラセンタには、５大栄養素をはじめ胎児が成長するために必要な栄養素がすべて含まれています。ということは、**人間にとって必要な栄養素はすべて含まれている**とも言えるのです。

プラセンタに含まれている栄養素

アミノ酸	ロイシン、リジン、バリン、スレオニン、イソロイシン、グリシン、アラニン、アルギニンなど
活性ペプチド	薬理活性の中心であるグロスファクターが数多く確認されている
タンパク質	アルブミン、グロブリンなど
脂質・脂肪酸	コレステロール、ホスファチジン酸、ラウリン酸、パルミチン酸など
糖質	グルコース、ガラクトース、ショ糖など
ムコ多糖体	ヒアルロン酸、コンドロイチン硫酸など
ビタミン	ビタミンB1、B2、B6、B12、C、D、E、ナイアシンなど
ミネラル	カルシウム、ナトリウム、カリウム、リン、マグネシウム、亜鉛、鉄など
核酸	DNA 、RNA 、及び代謝産物
酵素	アルカリホスファターゼ、酸性ホスファターゼ、ヒアルロニターゼ、アデノシン三リン酸など 100 種類近くが確認されている

プラセンタの栄養素はバランスが抜群！

　サプリメントの章でも少し触れましたが、「この栄養素が健康に良い」といわれるものであっても、栄養素は単一の成分を摂るのではなく、幅広くさまざまな種類の栄養素をバランスよく摂取することが非常に大切で、さらに多すぎず、少なすぎずと、量のバランスもとても大切です。このバランスを失ってしまうと、健康のために摂取した栄養素が、逆に健康被害をもたらしてしまうこともあります。

　プラセンタに含まれている各種栄養素は、すべて胎児が健康に育つために必要な栄養素ばかりで、しかも**人間に非常に適したバランス**で配合されているのです。

プラセンタ製品の種類を知ろう！

point!

プラセンタ製品の種類は大きく分けると４種類！

- ☑ プラセンタ製品のメインは注射薬、医薬品、化粧品、サプリメント！
- ☑ 注射薬は人の胎盤から、医薬品、化粧品、サプリメントは主に豚の胎盤から！

医療や美容の現場に広がるプラセンタ製品

現在ではプラセンタ製品はさまざまな医療や美容の現場で使用、販売されており、その存在を多くの方が知るところとなりました。

10年程前までは、プラセンタ製品は医療や美容の現場の専門の方だけが知っているような存在でした。

内科の先生に聞くと「肝臓治療の注射薬！」、婦人科の先生に聞くと「更年期障害、乳汁分泌不全を改善する注射薬！」、薬局で聞くと「滋養強壮の薬！」、そして美容専門家に聞くと「美白成分！」と言われることがありました。もちろんこれらはすべて正しく、プラセンタの役割を表現しています。

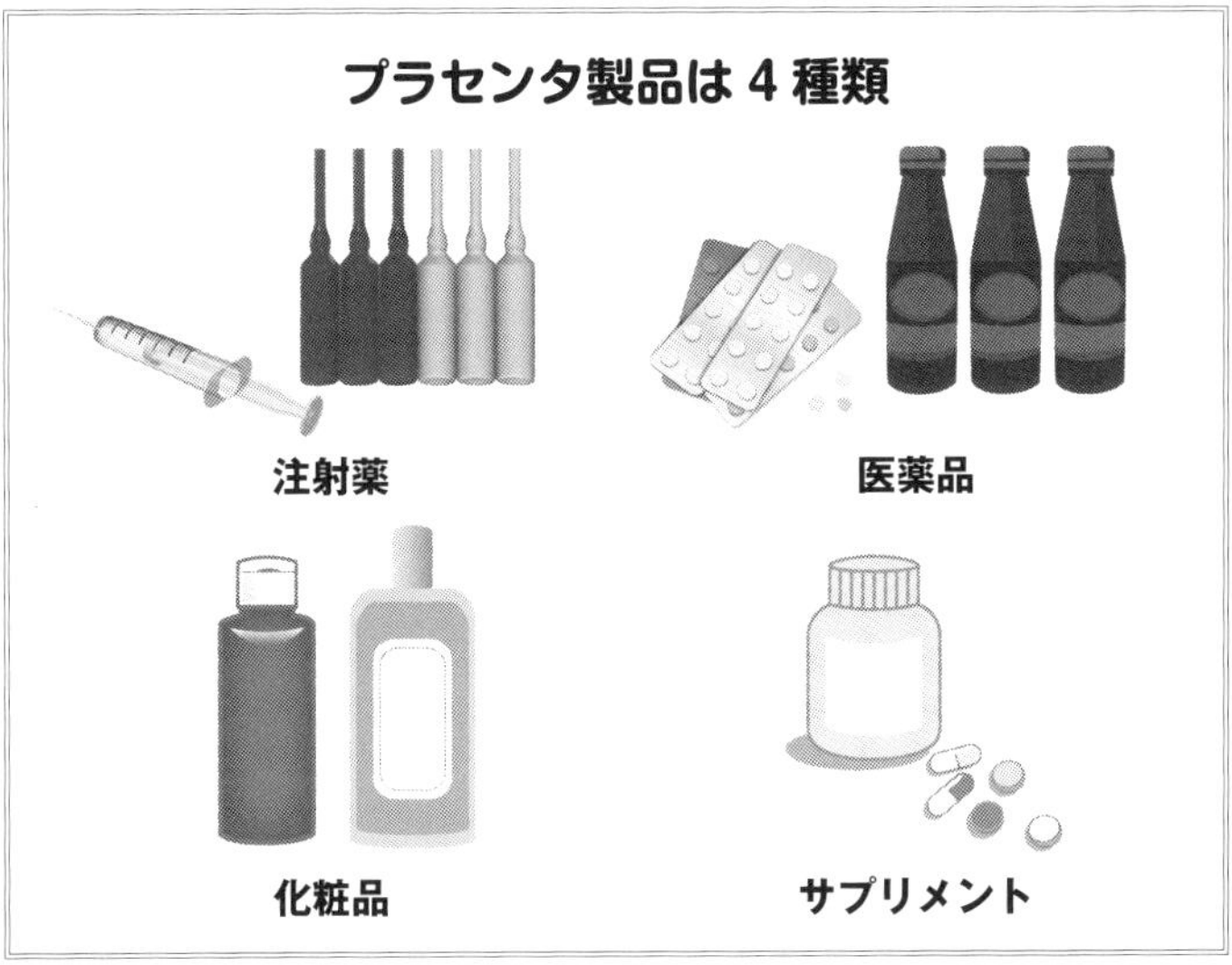

厚生労働省に認められた5つの効能

プラセンタには**厚生労働省に認可を受けた5つの効能**があります。慢性肝疾患（ラエンネック注射薬）、更年期障害（メルスモン注射薬）、乳汁分泌不全（メルスモン注射薬）、滋養強壮（医薬品）、美白（薬用化粧品）で、それだけ**多く健康・美容への有効成分**が含まれているという証明だといえます。

　プラセンタ製品は大きく分けると、注射薬（人胎盤由来）、医薬品（豚胎盤由来）、化粧品（豚、馬など由来）、サプリメント（豚、馬など由来）の4種類があります。

　現在では厚生労働省が認可した効果効能の枠を超え、さまざまな疾患治療や美容目的でプラセンタエキスが使われています。

プラセンタ療法の学会「日本胎盤臨床医学会」

プラセンタへの認知を高めた「日本胎盤臨床医学会」

プラセンタ療法の歴史は古く、注射薬「メルスモン」は1956年に、もう一つの注射薬「ラエンネック」も59年に医薬品の認可を受けています。滋養強壮の効果が認められている内服用医薬品は1940年代に研究が盛んになり、70年代からは化粧品の開発が、80年代からはサプリメントの開発が盛んになりました。

非常に歴史があるプラセンタ療法ですが、**多くの人々に知られるようになったのはここ最近**で、そのきっかけとなったのが、プラセンタ療法を行うドクターの方々が立ち上げた「日本胎盤臨床医学会」（＊）です。

＊発足時の名称は「日本胎盤臨床研究会」

point!

**エビデンス解明に向け
学会には多くのドクターが参加**

- プラセンタの効用には未解明な部分もまだまだある
- 未解明だからこそ、今後新たな発見が期待できる！

プラセンタ療法確立に尽力した医師たち

「日本胎盤臨床医学会」は、プラセンタ療法が医療業界や美容業界でもそれほど知られていなかった2007年に発足しました。自らの治療経験を通じてプラセンタの良さに絶対の自信を持つ有志のドクターが集まり、プラセンタ療法のさまざまな臨床例や安全性などを発表し、プラセンタの啓蒙活動に努めてきました。

その努力が実って、2018年現在、プラセンタエキスの薬理作用や安全性などがある程度確立されるに至り、病気や美容で悩んでいる多くの方々が、**プラセンタ療法の恩恵を受けることができるようになった**のです。

新発見が期待されるプラセンタの効用

これほど幅広い効用を誇るプラセンタ療法ですが、今でも**プラセンタの効果のメカニズムや関与成分などが100％解明されているわけではなく**、その成分や役割は謎に包まれている部分が多いこともまた事実です。

しかし、「日本胎盤臨床医学会」に参加されている多くのドクターの方々は、今も患者さんを救うために、プラセンタのエビデンス解明に向けて活動されていらっしゃいます。

そしてプラセンタは、解明されていない部分があるからこそ、**今後さらなる新たな発見も期待できる**のです！

こんなにある！ プラセンタの驚くべき薬理作用

薬理作用が多く副作用が少ないのがプラセンタの特徴

プラセンタには多くの薬理作用があることが、多くのドクターや研究者の方々のおかげでわかっています。

現時点では**18もの薬理作用が確認**されていますが、プラセンタというたった一つの成分でこれだけの薬理作用があるというのは驚きであり、他にはこのような成分はなかなかありません。

また、多くの薬理作用があるにも関わらず、**副作用が少ない**ということもプラセンタの特徴の一つです。胎児を育てるための臓器から抽出されているわけですから、人間にとって害になるようなものが含まれていないのは、むしろ当然なのかもしれません。

point!

プラセンタには現在18もの薬理作用が確認されている！

- プラセンタには各種の細胞増殖因子や豊富な栄養素が含まれている！
- 多くの薬理作用があるのにも関わらず副作用が少ないのも特徴！

プラセンタの18の薬理作用

基礎代謝向上	細胞を活性化させることで基礎代謝が向上し、ダイエット・疲労回復・冷え性といった症状の改善が期待できる
血行促進作用	血液の循環が改善することで肌のくすみなどなどの改善が期待できる
造血作用	造血幹細胞を増殖させる働きにより、貧血などの症状改善に効果が期待できる
疲労回復作用	タンパク質やビタミン類、カルシウム、マグネシウム、アミノ酸など、疲労回復に効果がある栄養素が豊富に含まれているため、疲労回復効果が期待できる
血圧調整作用	自律神経やホルモンバランスを整える作用により、血圧を正常値に調整する効果が期待できる
自律神経調整作用	精神安定作用や疲労回復機能により、自律神経を調整する効果が期待できる
内分泌調整作用	内分泌（ホルモン）を調整する作用があるとされており、生理不順、更年期障害、肌トラブルなどに効果が期待できる
免疫強化作用	免疫力向上作用があるとされているため、病気への抵抗力やアレルギー性疾患に対しての効果が期待できる
活性酸素除去作用	活性酸素を除去する作用により、しみやくすみの予防、アンチエイジング効果が期待できる
抗突然変異作用	体内にある免疫細胞の1種であるNK細胞の作用を調整する作用で、ガンの予防効果が期待できるとの指摘もある
創傷回復促進作用	成長因子や肌細胞の再生促進作用で、傷を早期に回復させる効果が期待できる
抗炎症作用	体内の炎症を抑える作用により、アトピー性皮膚炎や喘息などの慢性炎症に対する治療効果が期待できる
抗アレルギー作用	IgEと呼ばれる特殊な抗体の生産を抑える作用により、アレルギー物質への過剰反応抑制効果が期待できる
体質改善作用	体に起こったさまざまな症状を正常な状態に戻そうとする作用により、体質改善が期待できる
強肝・解毒作用	肝臓の働きを強化する作用で、解毒作用を高める効果が期待できる
乳汁分泌促進作用	ホルモン調整やストレス軽減作用により、乳汁（母乳）の分泌促進効果が期待できる
食欲増進作用	消費エネルギーが増加することで、食欲増進効果が期待できる
精神安定作用	ホルモンや自律神経の調整作用により、精神の安定に効果が期待できる

プラセンタ療法が効果的な疾患はこんなにある！

point!

プラセンタがどのような疾患に使われているのかを知ろう！

- さまざまな医療現場でプラセンタは使われている！
- プラセンタには多くの薬理作用が複合的に働いている！

さまざまな診療科で採用されているプラセンタ療法

プラセンタが実際の医療現場でどのような症状の治療に利用されているのか、ご存知でしょうか？

プラセンタを使用している医療機関は全国に多数ありますが、内科、婦人科、皮膚科、整形外科、精神科、眼科、歯科などさまざまな標榜科目（診療科）で使われていることに加え、**多くの疾患に実際に使われている**という点も、プラセンタを語る上では外せません。プラセンタの効果が多岐にわたる証明になると考えます。

プラセンタというたった一つの成分で、さまざまな疾患に使うことができるのは、数ある医薬品の中でも非常に少ないはずです。

プラセンタが実際に使われている病気の一覧

内科	頭痛・口内炎・気管支炎・喘息・胃弱・食欲不振・便秘・肝炎・肝硬変・パーキンソン病・るいそう・腎炎・糖尿病・ネフローゼ・高血圧・狭心症・貧血・十二指腸潰瘍
整形外科	肩こり・むちうち・五十肩・腰痛・ひざ痛・筋肉痛・リウマチ・関節痛・神経痛
婦人科	更年期障害・乳汁分泌不全・生理痛・生理不順・無月経・不妊症・冷え性・子宮筋腫
神経科	自律神経失調症・うつ病・不眠症・拒食症・てんかん
皮膚科	アトピー性皮膚炎・肌荒れ・しみ・乾燥肌・脱毛症・皮膚潰瘍・白斑
泌尿器科	前立腺肥大・夜尿症・性欲低下・膀胱炎・尿道炎
眼科	アレルギー性結膜炎・眼精疲労・視力低下・緑内障・角膜炎
耳鼻科	アレルギー性鼻炎・耳鳴り・めまい・難聴・メニエール病・臭覚低下
歯科口腔科	歯槽膿漏・味覚低下・口内炎・舌炎
その他	手術・外傷後の治癒促進、抗ガン剤、放射線後の副作用軽減、現代医学では治しづらい病気にも使用

プラセンタ療法はまさに最後の砦

プラセンタは、未熟な胎児をしっかりと育て、さらには臓器の働きの補完までしてくれるものなので、**人間の体を正常にしてくれるという働き**があるのも当然といえるかもしれません。

またプラセンタ療法は、これまでいろいろな治療法を試したけれど、なかなか良くならずに苦しんでいる患者さんにおすすめしているドクターが多いという印象を、私は受けています。

治療の選択肢がない、なかなか症状が改善しないといった方は、一度プラセンタ療法に注目してみてはいかがでしょうか？

プラセンタは美容にも有効！

point!

プラセンタは多くの美容効果が確認されている！

- ☑ プラセンタはシミ、シワ、ニキビの三大トラブルにオススメ！
- ☑ プラセンタはアレルギー治療にも活用されている！

医薬部外品成分として「美白」効果が認められている

さまざまな有効成分を含み、多くの薬理作用が確認されているプラセンタは、「健康」だけではなく「美容」においても非常に注目されています。

現在は医療機関のみならず、美容サロンでも施術にプラセンタを組み込んだり、プラセンタエキス配合の化粧品やサプリメントが通販や薬局、エステサロンなどで販売されています。そのためプラセンタは「健康」よりも「美容」のイメージの方が強いかもしれません。

プラセンタは医薬部外品成分として「美白」の効果が認められていることから、**シミに対して有効**であると認知されているように思います。

プラセンタエキスの作用と美容効果

細胞呼吸、組織代謝を活発にする作用	細胞の呼吸を活発にし、新陳代謝を盛んにして、細胞の老化を防ぐ。
老化角質を融解する作用	老化した角質が剥がれるのを助ける。過度の老化角質が皮脂口、汗腺口を詰まらせるのを防ぎ、新陳代謝をスムーズにする。
肉芽の形成を促進する作用	傷ややけどによる欠損組織に対し肉芽の形成、増殖を促進して、欠損組織の再生を助ける。
保湿作用	天然アミノ酸が角質の水分を保持する。老化を予防し、潤い、ハリのある肌を保つ。
細胞分裂増殖作用	皮膚を形成しているのは細胞。停滞してしまった皮膚の細胞機能を高めると同時に、細胞分裂を促して若い肌を取り戻す。
弾力回復作用	可溶性コラーゲンなど、結合組織の新生を助けることで新陳代謝を促す。
末梢血流を増す作用	末梢血管の収縮を高め、皮膚の血行を良くして、栄養補給、老廃物の除去をスムーズにする。
美白作用	チロシナーゼ活性を抑制することにより、シミの原因になるメラニン生成を抑える作用がある。
抗炎症作用	熱·紫外線などの外界からの刺激による皮膚の炎症を鎮める。
活性酸素除去作用	食細胞（白血球）が産出、分泌する過剰な活性酸素を除去する。活性酸素はメラニン形成に反応化関与してメラニンの生成を急速に増大させたり、また不飽和脂肪酸に作用して過酸化脂質を形成し、それが皮膚の老化（シミ·シワ）の大きな原因の一つになる。
免疫賦活作用	肌の健康のために、免疫作用が大切。これが働かないと、肌のバリヤー機能が低下し、ニキビやおできなどができやすい肌になる。

できてしまったシミだけでなく予防も！

シミになるメカニズムはメラニン色素が正常に排泄されずに表皮内に留まってしまうことが原因の一つですが、プラセンタには細胞分裂促進作用があるので、基底層で新しく細胞を生み出すことで、停滞してしまったメラニンの排泄を促進してくれることが、シミに対して有効な理由であるといわれています。

また、メラニン色素の原因となるチロシナーゼ酵素を阻害することで、シミの予防にも有効だとされています。

また美容現場では、シミだけではなく、シワ、ニキビなどにも実際にプラセンタ製品が数多く使用されています。

プラセンタエキスの種類を知ろう！

point!

プラセンタエキスの特徴は胎盤の由来により異なる！

- ☑ 人のプラセンタは注射薬だけ！
- ☑ それぞれの特徴を知ることが大切

プラセンタエキスは胎盤の由来により用途が異なる

プラセンタの認知度が高まるにつれて、プラセンタエキスの種類も増えてきましたが、胎盤の由来によって特徴や価格が変わってくるので、このページでは代表的なプラセンタエキスの種類を挙げていきます。

■ヒトプラセンタ

人間の胎盤由来の物で、薬機法により注射薬にのみ使用可能で、化粧品やサプリメントには使えません。

※プラセンタ注射を取扱う医療機関では、患者名、使用時期、ロット番号などを明記した管理簿を20年間保管する義務と、プラセンタ注射を受けた患者さんには献血が制限されることを告知する義務があります。

人間由来以外のプラセンタは左表をご覧ください。

人間由来の胎盤以外のプラセンタの種類

豚プラセンタ	有効性や安全性などの基礎データや、人での臨床データが確立されており、最も実績や歴史がある。
馬プラセンタ	サラブレッドという希少性や、出産が1年に1回という希少性があり原料が高額になる。比較的新しい素材で、なおかつサラブレッドのイメージで消費者にアピールしやすい素材。
植物性プラセンタ	植物の胎座の部分も英語ではプラセンタと訳すため、「植物性プラセンタ」と呼ばれている。
マリンプラセンタ	鮭の卵巣膜から抽出した素材で、本来はプラセンタと呼ぶには無理があるが、生命の誕生のイメージからプラセンタと呼ばれている。コラーゲンなどのタンパク質が含まれており、保湿成分として使用されている。
生プラセンタ	抽出段階で加熱処理や酸処理をしていないため「生」と定義されている。消費者には新鮮なイメージを打ち出すことができる。

臨床データが最も多い豚プラセンタ

上表にまとめたほかに、海外では羊由来のプラセンタもありますが、日本国内での製造は禁止されています。

このようにプラセンタエキスには原料とした胎盤の違いによりさまざまな種類のプラセンタエキスがあるので、正直どれを選んでいいのか迷ってしまいますよね。

現在、一般医薬品で使用されているのは豚プラセンタであり、文献や論文で基礎データや臨床データが最も多いのも豚プラセンタです。

そのため現時点では、効果や安全性がきちんと確認されているのは、豚プラセンタであると言えるでしょう。

プラセンタエキスの品質は抽出方法によって変わる！

point!

プラセンタエキスの品質を左右する抽出方法を知ろう！

- プラセンタエキスの抽出方法にはさまざまな方法がある！
- 適切に抽出されたプラセンタエキスを選ぼう！

抽出方法は各メーカーの腕の見せどころ！

胎盤に含まれている有効成分をできる限り壊すことなくプラセンタエキスへと抽出する方法に原料メーカーは知恵を絞り、消費者の方には最適な製品をお届けする努力がおこなわれているため、胎盤からプラセンタエキスを抽出するには多くの方法があります。

少し専門的になりますが、プラセンタエキスの抽出方法を知ることで適切な製品選びが可能になります。

■酵素分解法

胎盤に特殊な酵素を反応させることで、生体内で行われている消化反応に類似した工程を人工的に再現し、有効成分だけを高濃度で抽出する方法です。

まだまだあるプラセンタエキスの抽出法

■高圧抽出法

胎盤に水深1000メートルに相当する圧力（100MPa）を加え、その力で有効成分を絞り出す抽出法です。

■亜臨界抽出法

水は温度と圧力によって固体、液体、気体と形を変えていきます。温度を374度、圧力を22・1MPaまで高めると液体と気体の区別がつかない状態（臨界点）となりますが、この手前の状態を「亜臨界状態」と呼びます。

亜臨界状態の水は、水そのものの加水分解力が高まるため、その水の力を利用した抽出法です。

プラセンタエキスは抽出法にも注目を

■塩酸加水分解法

胎盤に塩酸を加えて加水分解することにより、体に吸収されやすいように、すべての物質を低分子化する方法です。

■生プラセンタ

胎盤を個体と液体に分けて、液体のみを特殊なフィルターにかけることでウィルスや細菌をシャットアウトし、通常の抽出法では必要な加熱処理を加えずに有効成分を抽出する方法です。

抽出の方法によってコストも異なるため、プラセンタエキスの価格にも反映されます。プラセンタエキスを選ぶ際には、抽出法にもぜひ注目してみてください。

プラセンタ製品それぞれのメリット、デメリットを知ろう!

point!

使い分けを知ることで
効率的にプラセンタを摂取できる!

- ☑ プラセンタ注射は即効性がある!
- ☑ 化粧品やサプリメントは医療機関やサロンなどで販売されているものがおすすめ!

メリット、デメリットを知り正しい製品選びを

プラセンタ製品には、注射薬、医薬品、化粧品、サプリメントがあるのは前出のとおりですが、現在、一般的に使われているのが、注射薬、化粧品、サプリメントになります。

注射薬は「メルスモン」と「ラエンネック」という2種類だけですが、化粧品やサプリメントは数多くの種類が販売されており、どの製品を選べばいいのかわからないという声をよく耳にします。

プラセンタ製品には**それぞれにメリットとデメリット**があり、それらを知ることが製品選びのヒントになります。次ページの表で確認してみてください。

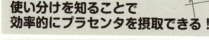

プラセンタ製品のメリット・デメリット

使用法	メリット	デメリット
プラセンタ注射	即効性がある。厚生労働省に認可を受け医療機関でのみで使用されるので安全	痛みを伴う。通院の必要がある。献血を制限される
プラセンタ化粧品	処方によってはプラセンタエキスを高配合できる。痛みや通院を伴わない。毎日使用できる	種類が豊富で正しい商品選びが難しい。値段と効果が比例しない場合がある
サプリメント	摂取量を自分で調整出来る。痛みや通院を伴わない。毎日使用できる	種類が多すぎて正しい製品選びが難しい。注射と比べると効果の実感に時間がかかる

サプリメント製品は専門機関で購入を

プラセンタ製品の中で、注射を除き化粧品やサプリメントはプラセンタエキスの種類や抽出方法の違い、濃度や含有量、処方の組み合せ、使用方法などによって、効果の実感が大きく変わります。

そのため、**医療機関やサロンで販売している製品**や、そうしたプロに向けて営業している会社の製品なら、専門知識や経験のある方が選んでいるので安心です。

そして、公益財団法人日本健康・栄養食品協会が認定した「ＪＨＦＡマーク」が入ったサプリメントも、基準をクリアしているので安心といえます。

公益財団法人 JHFA 日本健康・栄養食品協会認定

プラセンタ普及に向けての私の取り組み

point!

「医療難民」「美容難民」を減らすことが私の使命！

- プラセンタによって多くの人が救われている！
- プラセンタを一過性のブームで終わらせない！

マイナスイメージが強い時代もあったプラセンタ

プラセンタの章の最後に、プラセンタ普及に関しての私の取り組みについてご紹介させて下さい。

私がプラセンタの普及に取り組みはじめたのが2005年のことです。当時はプラセンタ製品を総合的に販売している会社は2～3社程という時代で、プラセンタの認知度は低いどころかマイナスのイメージを持っている人の方が多かった印象があります。

そんな中でプラセンタに絶対の自信を持っていた私は、安全性はもちろん有効性、エビデンスなどを確立させることによって、プラセンタの恩恵を受けられる人を少しでも増やしていきたいと考えました。

全国を回りプラセンタの普及に尽力

そのためにプラセンタ療法を行っているドクターの学会「日本胎盤臨床医学会」のお手伝いをさせていただく中で、プラセンタの有効性、安全性、使用方法などを教えていただきながら、その情報を持って地道に全国をコツコツと回ることからスタートしました。

また、歯科医師による「オーラルプラセンタ医学研究会」や美容家による「日本プラセンタ研究会」を立ち上げることで、医学的エビデンスを得ながらより多くの方にプラセンタを知っていただくための土台を、まさに「コツコツと」という表現がぴったりするように地道に築いてきました。

プラセンタの力で医療難民を救う！

そんな活動をしている私には、一つの信念がありました。それは、「医療難民の方を救う」というものです。

実はこの言葉はあるドクターがおっしゃっていたものですが、いろいろな病院でさまざまな治療方法を試したけど症状の改善がみられない、薬の副作用で苦しんでいる「医療難民」の方になんとか良くなってほしいという想いです。

そして今は、どんな化粧品を使っても肌の状態が改善されない、化粧品を使って逆に肌が荒れてしまったといった「美容難民」の方を救うということも、私の信念に追加されています。

プラセンタを後世に残していきたい！

私に限らず、医療や美容の専門家も含め、プラセンタに関わる人々がプラセンタの力で「医療難民」や「美容難民」をなくしたいとコツコツと活動してきた結果、現在、プラセンタの有効性や安全性は多くの人が知るところとなり、その恩恵を受けて、治らなかった病気が治った人、あきらめていたお肌がキレイになった人などが数多く存在します。

そのような人たちのためにも、プラセンタをブームで終わらせるのではなく、**100年先の後世にも残していく**必要があると私は考え、これからもコツコツと全国を歩き続けます。

弊社の主導で発足した第１回日本プラセンタ研究会（2013年４月８日）

第6章 アンチエイジングと美のために

誤った美容情報に振り回されないために

point!

正しい情報を見極めるためのポイントは、「ウラを読む」

- 情報は一方的なものという認識を持つ
- 情報を鵜呑みにするのではなく、反対の情報も調べて自分で判断する

美容情報にはフェイクニュースがあふれている！

雑誌をひらくと「これを飲めばキレイになれる！」といった文字が目に飛び込んできたり、テレビをつけると「これだけやれば簡単に痩せられる！」など、毎日のように新しい美容情報や健康情報が取り上げられています。例えば「スムージーを毎朝飲むと美肌になれる！」とか、「毎朝5分のウォーキングだけで5kgマイナス」などのキャッチコピーを目にされたことがあると思います。

これらがすべてフェイクというわけではありませんが、**かなり誇張された情報**が混じっており、必ずしも情報通りに結果が出るというわけではありません。

情報には必ず「ウラ」がある！

消費者は、メディアなどで発信される情報は「一方的」なものだという認識を持つことが必要です。そこでここでは、一方的な情報の「ウラ」を読み解くことの大切さをお伝えしたいと思います。

たとえばスムージーにはビタミンなどの栄養素が含まれているので、お肌に良いのは事実ですが、「ウラ」を返せばスムージーには糖化や肥満の原因である糖質が豊富に含まれているのも事実です。

有酸素運動は脂肪燃焼に繋がることは事実ですが、「ウラ」を返せば脂肪は分解した後に燃焼するので、有酸素運動だけではかなりの時間が必要です。

つまり肌に良いと聞いて一生懸命に摂取したら糖化や肥満の原因になってしまったり、有酸素運動だけで痩せようとするのは実は効率が悪いダイエット法だったりするのです。これが情報の「ウラ」を読み解くという言葉の意味です。

情報の「ウラ」を読む目を養おう！

化粧品やサプリメントを選ぶ際には、パッケージの「ウラ」を確認していただくことを繰り返しお伝えしましたが、**情報にも「ウラ」がある**ので、メディアで取り上げられる情報にすぐに飛びつくのではなく、ご自身で情報をしっかりと調べて判断する目を養うことが、美容に無駄なお金を使わないために大切なことです。

美容や健康で一番大切なこととは？

「やればできる」ことより「やること」が大切！

最新の美容法や健康法が毎日のように発信され、その情報を得るために多くの女性が書籍を購入したり、研修会に参加したり、インターネットから情報収集したりと、たゆまぬ努力している方が本当にたくさんいらっしゃいます。

しかし、情報を得ただけで満足していませんか？　最新のダイエット法を知っても「明日からやろう」、最新の健康法の情報を得ても「来週からはじめよう」となっていませんか？　私自身、偉そうに言ってはいますが、過去にこうした経験は何度もあります。

point!

やるなら今！

- 情報を得て満足するだけではダメ
- 実行と継続が一番の近道

情報を得て満足していてはダメ！

実際に美や健康を手に入れるために必要なことは、情報を集めることではありません。「やるかどうか」だと、私は考えています。

書籍を読んで満足したり、情報収集して満足しただけでは美や健康は手に入りません。せっかく最新の情報を得たのであれば、ぜひ実行しましょう！

ちょっと前の流行語ではありませんが、美容や健康、ダイエットに必要なのはまさに「いつやるの？今でしょ！」という精神にほかなりません。大切なのは「やればできる」ではなく、今すぐ「やるか、やらないか」だと、私は考えています。

美容や健康には「継続」も大切！

ただ、美容法や健康法には**極端なものがある**のも事実です。特定の食べ物をずっと食べないといけなかったり、反対に自分の好物を食べてはいけなかったりと、自分に負担をかけてしまう方法もあります。私自身も、糖質は糖化の原因とは理解していても、完全な糖質制限はできていません。

極端な美容法を長期間継続することは現実的ではありません。必ずどこかに無理が生じて、それがリバウンドにもつながってしまいます。「やること」は大切ですが、自分の**「できる範囲で継続」することも大切**だと考えています。

★エステティシャンの方からのご質問

更年期障害の症状にお悩みのお客様にプラセンタ配合のサプリメントをおすすめしましたが、以前購入したところ効果がなかったと言われました。プラセンタの効果が実感できないときはどうすればいいのでしょうか？

成分がきちんと配合された製品を使っているか確認を！

プラセンタ配合のサプリメントなどを服用して、効果が実感できない場合には、以下のようなことが考えられます。

●十分な有効成分が配合されていましたか？

効果が実感できない場合にまず確認したいのが、その製品に効果を出すために必要な量のプラセンタが配合されているかどうかです。プラセンタエキス**純末**が100ミリグラム以上配合されていない製品では、十分な効果が得られない場合があります。さらにプラセンタに限らず、サプリメントを選ぶ際には「公益財団法人日本健康・栄養食品協会」が健康補助食品として認定し、認可した製品であることを示す「JHFAマーク」がついているかも確かめることをおすすめします。

●効果が出るのに必要な期間、服用を続けていましたか?

即効性の高い注射と異なり、サプリメントは服用し続けることで効果が出てくるという特性があります。細胞は常に新陳代謝を繰り返しています。ターンオーバーの周期は皮膚で28日、筋肉と肝臓で60日、心臓は22日、骨は90日、胃腸は5日程度で、約90日で全身の細胞が入れ替わるとされています。そのためプラセンタを飲み始めたらまず約3ヶ月は様子を見る必要があります。ただ、慢性的に悪かった人は、その悪くなった時間に比例してリカバリーにも時間がかかります。

●対面販売で購入する良さをお客様にお伝えする!

きちんとした知識を持っていないと、実際に製品の良し悪しを見極めるのは難しいものです。もし、お客様が以前使っていた製品が残っていれば、配合成分量や「JHFAマーク」の有無を確認し、見極めポイントや正しい服用方法などをお伝えしながら販売すれば、見極める目を持った医療や美容従事者から対面販売で購入することのメリットをお客様が実感し、顧客獲得にもつながるはずです。

Q

★エステティシャンの方からのご質問
60代のお客様。お顔のシミやシワを気にされていたのでサプリメントをおすすめしましたが「もう年だから」とためらっていらっしゃいます。アンチエイジングには、ある程度若い時から取り組まないと効果がないのでしょうか?

A

アンチエイジングは、気づいたときが始めるときです!

ご質問にお答えする前に、まずは「老化とは何か」についご説明しましょう。人間が生きていく上で、酸素はなくてはならない存在です。通常、人間は呼吸によって1日に500リットル以上の酸素を体内に取り入れているといわれていますが、このうち約2%が強い酸化作用を持つ活性酸素に変わるといわれています。

この活性酸素は、本来決して〝悪役〟ではありません。活性酸素はその強い酸化作用で体内に侵入したウイルスや細菌を退治するという大切な役割を果たしています。しかしこの活性酸素が必要以上に体内で増えてしまうと、健康な細胞まで酸化してしまいます。鉄が酸化すると錆びてやがては朽ちてしまいますよね? 細胞が酸化するとこれと同様の仕組みが人間の体内でも起こり、これが〝老化現象〟という形で体のさまざまな部位に不具合を起こすのです。そのため、専門家の間では「老化することは酸化すること」ともいわれています。

確かに年齢を重ねると、酸化された細胞が体内で増える傾向があります。しかし抗酸化対策＝アンチエイジングを行えば、酸化して傷ついた細胞の回復や細胞の酸化を抑制することができます。「アンチエイジングに遅すぎるということはない。気付いたその日からはじめればいい」と言われるのはまさにそのためです。

また、抗酸化対策をすることは、糖化を防ぐことにもつながります。

アンチエイジングの方法はいろいろとありますが、抗酸化対策としてはファイトケミカルが含まれた食品（大豆、納豆、ブルーベリー、赤ワインなど）を摂取するといいでしょう。不足した場合には、抗酸化作用のあるサプリメントも利用できます。比較的簡単にできることですので、年齢には関係なく早めの対策をされることをおすすめします。

★エステティシャンの方からのご質問

お客様におすすめした化粧品が合わなかったと言われることがあります。化粧品をおすすめする際のポイントはありますか?

カウンセリング後、「全成分表示」を確認!

すべてのお客様に満足いただける化粧品があれば理想ですが、お客様のお肌は十人十色なので、おすすめした化粧品で満足いただけることもあれば、残念ながら満足いただけないこともあります。

肌タイプは、乾燥肌、脂性肌、敏感肌などがあり、またお悩みも、シミ、シワ、たるみ、ニキビとさまざまです。年齢によっても求めるものは異なります。

さらに、その方の生活習慣や食習慣なども千差万別ですので、まずは肌質とお悩みのトラブルそして生活習慣などをしっかりと確認する必要があります。

その上で、適切な化粧品をおすすめする際に最も大切なことはと言えば、やはり

「パッケージの裏面に書かれている全成分表示」を見ることです。
全成分表示ルールを確認しておきましょう。
・配合量の多い成分を順に記載
・配合されている全ての成分を記載
・配合量が1％以下の成分の記載順序は自由
・着色剤は配合量にかかわらず末尾にまとめて記載
この全成分表示を確認することで、以下を判断できるようになります。
・全成分表示の上位に出てくる配合量の多い成分が肌質にあっているのか
・過去にアレルギーなどのトラブルになった成分が入っていないか
・肌トラブルを改善する成分なのか、予防する成分なのか
・有効成分がどのくらい配合されているのか
・化粧品が好みの感触なのか
お客様へのカウンセリングを行った上で、化粧品の全成分表示を確認し、お客様お一人おひとりに合った化粧品をおすすめするよう心がけてください。

★エステティシャンの方からのご質問
同じ種類のサプリメントでも、体感を得られるものと、体感が得にくいものがあるように思います。どのようにして見極めればいいでしょうか？

「原材料名」の最初の記載と「名称」の記載が一致しているか

サプリメントに配合されている有効成分には、原料段階でさまざまな基礎データや臨床データがとられているものが多く、有効成分を摂取することでお客様のお悩みの改善につながることはあります。

ここで大切なことは、「原料の効果」＝「製品になったサプリメントの効果」ではない場合があるということです。

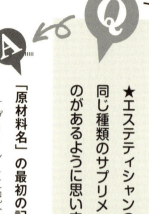

サプリメントはさまざまな原料を配合してつくられますが、配合する原料の濃度や他の成分との組み合せなどはメーカーによって異なります。

有効成分の濃度が薄いものや、配合量が少ないものもあるのです。これが体感の有無につながると考えられます。

それでは、どのようにしたら見極められるのか?

繰り返しになりますが――サプリメントのパッケージの裏に記載されている「名称」と「原材料名」という項目を確認して下さい。

これらの表示は食品表示法によって記載が義務づけられています。記載のルールは以下のとおりです。
・原材料の配合量が多い順に記載する
・食品添加物と原材料は分けて記載する
原材料名の最初に記載されている有効成分名と、名称に記載されている内容が一致しているものを選ぶことが大切です。

また、サプリメントは飲むタイミングや、食事から摂取する栄養素との飲み合わせによっても体感が変わってきます。

サプリメントに配合されている有効成分がどの栄養素に分類されるのかを確認し、飲むタイミングや飲み合わせも理解してお客様にお伝えしましょう。

Column

プラセンタはお母さんからの大切な贈り物

プラセンタ注射薬には、メルスモンとラエンネックの2種類があります。

このプラセンタ注射は、国内の指定産婦人科で分娩後に後産として出てくる「人」の胎盤から抽出されたプラセンタエキスで作られています。

指定産婦人科では妊婦さんから、「自分が出産した後の胎盤をプラセンタ注射に使ってもいいですよ！」という同意書をいただいた上で、胎盤が回収され、製薬工場で製剤化しています。こうしてつくられたプラセンタ注射は、多くの病気の治療や美容などに使われています。

つまり、妊婦さんの「善意」によってプラセンタ注射に胎盤を使わせていただくことができるということです。そのおかげで、きれいなお肌を手に入れて自信を得ることができたり、病に苦しむ多くの方が元気を取り戻すことができるのです。

胎盤を提供してくださった妊婦さんには報酬は支払われず、あくまでも**妊婦さんのご好意**によって、多くの方が救われているのです。

プラセンタ注射薬は、まさに健康に産まれてきた赤ちゃん、そしてお母さんからの「大切な贈り物」と言えるのです。

あとがき

最後までお読みいただきありがとうございます。

私は現在、全国でエステティシャンなど美容のプロの皆さまを対象とした講演活動をさせていただいております。

そこに参加された方々からは、講演会で身につけた知識をもとに商品を選び、お客様におすすめしたところ、「早く結果が出た」「お客様に『肌質に合った化粧品に出合うことができた』と喜んでいただけた」「正しい商品を選ぶ目を持てた」などの嬉しいお声をいただいております。

本書を通じて皆さまにお伝えしたかった一番のことは、化粧品やサプリメントを選ぶ際はパッケージの裏を見る〝習慣〟をつけていただきたいということです。私の拙い文章で、全て理解していただくことは難しいかもしれませんが、ウラを見るという習慣をつけていただくことで、商品の本質が見えてくるということをぜひ知っていただきたいのです。

化粧品やサプリメント選びで失敗しないために、無駄なお金を使わないために、そして、お客様に無駄なお金を使わせないために、商品を選ぶ際には広告などのイメージにプラスして〝ウラ〟から読み取れる情報を生かしてください。

そして、キレイへの一番の近道は、すぐにやるかどうかということ。本書を読んで身につけた内容を明日からではなく、ぜひ今から実践してみてください。

最後になりますが、本書の出版に際しては、多くの方々にお力添えいただきました。今までご指導いただき育てていただきましたエステティックサロンの皆さま、クリニックの皆さまにこの場を借りて御礼申し上げます。

宮田　哲朗

宮田哲朗（みやた てつろう）

株式会社UTP 情報開発部部長。

1976年石川県に生まれる。大手美容外科、クリニック、エステティックサロンの化粧品・サプリメントを多数プロデュース、商品企画にも携わる。2,000以上のクリニック、エステティックサロンと接した経験から得た医療・美容に関する知識を基に、全国でセミナー活動を行う。

食品保健指導士（公益財団法人日本健康栄養食品協会）、化粧品成分上級スペシャリスト（一般社団法人化粧品成分検定協会）、コスメコンシェルジュ（日本化粧品検定協会）

化粧品・サプリ・プラセンタを賢く生かす
プロのための美肌メソッド

二〇一八年三月九日　初版第一刷発行

著　者　宮田哲朗
装　丁　横山 恵
発行者　宮島正洋
発行所　株式会社アートデイズ
〒160-0007 東京都新宿区荒木町13-5
四谷テアールビル2F
電話（〇三）三三五三-二二九八
FAX（〇三）三三五三-五八八七
http://www.artdays.co.jp
印刷所　中央精版印刷株式会社